Carisma

A Arte dos Relacionamentos

Compreendendo os "gatos" e "cães" existentes em nossas vidas – uma analogia

Carisma

A Arte dos Relacionamentos

Compreendendo os "gatos" e "cães" existentes em nossas vidas – uma analogia

Michael Grinder
Autor de *The Science of Non Verbal Communication*
com Sharon Sayler e Mary Yenik

QUALITYMARK

Copyright© 2007 by Michael Grinder

Todos os direitos desta edição reservados à Qualitymark Editora Ltda.
É proibida a duplicação ou reprodução deste volume, ou parte do mesmo, sob qualquer meio, sem autorização expressa da Editora.

Tradução autorizada: Charisma: the Art of Relationships

Direção Editorial SAIDUL RAHMAN MAHOMED editor@qualitymark.com.br	Produção Editorial EQUIPE QUALITYMARK
Capa QUALITYMARK	Editoração Eletrônica QUALITYMARK

CIP-Brasil. Catalogação-na-fonte
Sindicato Nacional dos Editores de Livros, RJ

G878c
    Grinder, Michael
    Carisma: a arte dos relacionamentos/Michael Grinder; [tradução de Celso Roberto Paschoa; revisão técnica Jairo Mancilha]. – Rio de Janeiro: Qualitymark, 2007.
    152p.

    Tradução de: Charisma: the art of relationships
    Inclui bibliografia

    ISBN 978-85-7303-700-5

    1. Carisma (Traço de personalidade). 2. Personalidade. 3. Relações humanas. I. Título.

07-1673
    CDD: 155.2
    CDU: 159.923

2007
IMPRESSO NO BRASIL

Qualitymark Editora Ltda.
Rua Teixeira Júnior, 441
São Cristóvão
20921-400 – Rio de Janeiro – RJ
Tel.: (0XX21) 3860-8422 ou 3094-8400

Fax: (0XX21) 3094-8424
www.qualitymark.com.br
E-Mail: quality@qualitymark.com.br
QualityPhone: 0800-263311

Michael Grinder

Dedicatória

Este livro é uma analogia entre "cães e gatos" Trata de estilos comportamentais. Um estilo busca agradar as pessoas e o outro responde somente a si mesmo. Este livro é sobre o nosso equilíbrio com ambos os estilos; sobre ter áreas em que somos um estilo e outras em que somos o outro estilo.

Minha esposa Gail me confere esse tipo de equilíbrio. Meu mundo faz sentido porque ela me aceita incondicionalmente. Seu amor equilibra meu mundo profissional em que a fama e a sorte são impostores de igual peso. Em razão de seu suporte, comporto-me como se eu tivesse idéias que os outros querem ter. E, no entanto, quando estou voltando de carro para casa e ligo para ela do telefone celular, responde uma voz que funde minha assertividade "felina" com meu amor "canino"... e, assim, eu começo meu namoro daquela semana. O temperamento estável de Gail transforma-a no norte emocional de nossa família.

Minha curiosidade em descobrir como consigo equilibrá-la foi respondida durante uma briga recente em nosso escritório. Nossas vozes estavam um pouco alteradas quando a linha do telefone comercial tocou. Mudando para sua voz doce natural, ela tratava com competência da solicitação de um produto. Interrompendo-a na sua ligação, eu provoquei com, "Como aconteceu isso de você não falar comigo exatamente da mesma forma quando estávamos discutindo?" A resposta dela confirmou o meu valor, "Porque você é a pessoa mais segura no meu mundo".

Agradecimentos

Agradeço sinceramente à toda a comunidade de amigos por compartilharem seus talentos no tocante a crítica, expansão, revisão e produção deste trabalho.

Steve Andreas, Michael Anvick, Rachel Babbs, Nancy Blacwell, Rachel Beohm, Cynthia Blix, Kathy Burke, Nancy Burns, John Cleary, Steve Cowie, Tim Dalmau, Theresa David, Calvin Dettloff, Krista Dettloff, Mr. Dogs, Gabriele Dolke, Rebecca Drury, Pat Duran, Fleur Easom, Kathleen Epperson, Amanda Gore, Gail Grinder, Lety Gutierrez-Shelly, Linda Haines, Paul Henderson, Becky Herndon, Rosalind Kingsmill, Susan Krohn, Barbara e Michael Lawson, Dee Lindenberger, Hazel-Ann Lonkins, Karen Masterson, Ian McDermott, Barbara McIntyre, Seth Morris, Carol Mulcahy, Rick Mullins, K. N. Padmantohan, Joyce Patterson, Jane Peterson, Gary Phillips, Richard Quatier, Kevin Quinn, Linda Reed, Eric Richards, Carolyn Rosard, Ron Sangalang, Adam Sayler, Sharon Sayler, Rudolf Schulte-Pelkum, Bill Sommers, Sarah Spilman, Stephanie Staley, John Steinberg, Nancy Stout, Ashton Thomas, Kathryn Wainwright, Pavita Walker, Buck West, Ya Ya Sisters of the Royal Exchange, Mary Yonek, Mary Yenik, Kendall Zoller e Steve Zuieback.

Editoras e colaboradoras conceituais: Mary Yenik e Sharon Sayler.

Prefácio

Não Leia Este Livro!

Essa afirmação o desafiou? Você arqueou a sobrancelha e ficou de algum modo indignado? Você é atraído por natureza para situações "fora-dos-limites"? Essas são as características típicas dos "gatos" descritas neste livro.

Você se sentiu confuso com a afirmação? Você deseja condescender e deixar o livro de lado? Você tem pressa para iniciar a leitura de outras obras? (Nós efetivamente queremos ler este livro.) Essas são as características típicas dos "cães".

Essas duas reações que envolvem *intriga* e *aceitação* ilustram, numa ampla pincelada, o conceito existente por trás deste livro, *Carisma: A Arte dos Relacionamentos*. Os relacionamentos são a chave para liderança, disposição de ânimo e produtividade. Saber como reconhecer se um indivíduo age mais parecido com um "cão" ou como um "gato", ou segundo uma mescla entre esses animais, possibilita selecionar as estratégias apropriadas para fomentar e manter um relacionamento com essa pessoa.

O *Carisma* é baseado no fato de que cada um de nós tem uma parte que é "gato" e outra que é "cão". Em certas situações, é apropriado que aumentemos nossos comportamentos "felinos" e, em outras, nossos comportamentos "caninos". Graças à analogia entre esses animais de estimação, este livro esboça como as pessoas podem desenvolver e utilizar relacionamentos. Queremos dominar mais do que a ciência de nos relacionarmos bem com as outras pessoas; queremos ter a arte de acessar nossos pontos fortes e os das demais pessoas.

Ao aplicarmos a analogia dos comportamentos humanos a um gato doméstico, evidenciamos a efetividade de se intrigar a personalidade felina. É melhor desenvolver um relacionamento com um "gato" indiretamente. Um "gato" empinará seu nariz e desprezará tudo o que lhe for apresentado diretamente. Todavia, a tigela com alimento ou as iguarias que se encontram na prateleira mais alta tornar-se-ão repentinamente o alvo de sua curiosidade. E, se bem que o "gato", de modo geral, não despende tempo algum com o "cão" afável, ele poderá perder contribuições importantes que este último tenha a oferecer.

Similarmente, as pessoas podem agir como o melhor amigo do ser humano – sempre querendo agradar as outras pessoas. E quando as outras pessoas não estão felizes, o "cachorro" presume que seja devido a algo que ele fez. Ele resolve tentar agradar ainda mais arduamente. Os "cães" gostam de clareza – é melhor desenvolver um relacionamento com eles de maneira direta e aberta. Enquanto o "cão" quer se dar bem com o "gato" auto-suficiente, seu desejo de agradar irrita ainda mais este último animal. Ele sente falta de ser visto como valioso. O "cão" precisa aumentar sua dose de flexibilidade.

Essa é a razão pela qual todas as pessoas devem ler este livro. Ele é mais do que uma comparação perspicaz entre nosso comportamento e os de nossas contrapartes animais prediletas. Ao estender a comparação, esta obra encontra seu valor verdadeiro. Pela modificação de nossos comportamentos, criamos nosso próprio êxito por meio de relacionamentos. E, fazendo assim, influenciamos os grupos dos quais participamos.

Portanto, para vocês "cães" que fizeram com que esse trabalho fosse tão longe: Estimulo-os a continuarem lendo. *Carisma* oferecerá a vocês um entendimento melhorado sobre os "gatos" enfadonhos que passam a impressão de serem inflexíveis ou excessivamente indulgentes. Você ficará gratamente surpreso com a eficácia das técnicas em relacionamentos interpessoais e em grupos.

E para os "gatos" aí fora: bem, vocês de qualquer maneira farão o que querem, vocês saberão melhor se querem deixar de ler um livro que é digno de seus desafios; uma oportunidade de entender as diferenças entre ser um líder, e ser um líder *carismático*.

Sumário

Introdução..1

Poema Encontrado nas Escrituras do Mar Morto...........................7

Capítulo 1: Minha Identificação Animal..9

Capítulo 2: Poder Carismático..41

Capítulo 3: Estabelecendo Vínculos – e Interpretação de uma Pessoa........51

Capítulo 4: Contos do Canil...67

Capítulo 5: Separação de Animais..117

Quando Crianças se Transformam em Gatos..............................125

Notas Finais..128

Índice Remissivo...134

Michael Grinder

Introdução

Carisma é a Habilidade de Influenciar por Meio de Relacionamentos

Há diversos graus de carisma. A maioria das pessoas não quer passar o tempo de maneira ociosa pintando quadros numa praia do Taiti[1]. Queremos ter influência suficiente para assegurar que nosso trabalho seja importante e poder ir para casa e rever nossos familiares e amigos. Outra parcela de pessoas ocupa posições em que influenciam diretamente seus ambientes de trabalho, enquanto outras já avançam com mais dificuldade. Todos nós somos afetados pelo nosso próprio estilo – e pelos estilos dos outros – de liderança e relacionamentos.

Por que é fácil mantermos relacionamentos, influenciarmos e trabalharmos com algumas pessoas, e não com outras? De modo geral, a pessoa com "poder" é a chave para colaboração e cooperação essenciais de uma equipe. O carisma fica mais evidenciado quando ele é seguido por pessoas fortes. Este livro oferece um meio não-opinativo de entender essas pessoas poderosas (geralmente elas são "gatos") e estratégias para fazê-las ficarem de nosso lado. O veículo para essa estratégia é a analogia com animais.

Qualquer indivíduo que já tenha possuído um gato e um cão sabe instintivamente as diferenças entre as personalidades desses animais. Ao examinar pessoas como se elas fossem gatos e cães, transferimos nosso conhecimento intuitivo dos animais às pessoas. Até Dilbert, em sua captura da vida cúbica, tem o diretor malvado denominado "Catbert" e o consultor amável de nome "Dogbert".

Um modo de pensarmos sobre as diferenças entre relacionamentos com cães e gatos é considerar seus *níveis de acomodação*. Quando você chama um cachorro, ele vem imediatamente; no caso de um gato, o cérebro dele recebe uma mensagem e esta só retorna a você mais tarde.

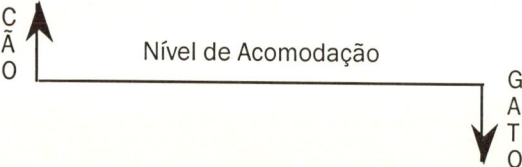

Quando uma pessoa alimenta um cachorro, ele olha ao redor e diz para si próprio: "Uau! Você me dá abrigo e cuida de todas minhas necessidades. Você deve ser o máximo (um Deus)!". Quando o mesmo dono do animal dá comida a um gato, este também olha ao redor e diz: "Uau! Você me dá abrigo e trata de todas minhas necessidades. Eu devo ser um Deus!"[2]

> *Ao escolher um animal de estimação, lembre-se de que, para um cachorro, você é um membro da família; para um gato, é um colega de trabalho.*[3]

Benefícios

O benefício de aplicarmos nosso entendimento comum de cães e gatos às pessoas é que nos tornamos mais realistas e respeitosos em nossas expectativas sobre nós mesmos e sobre os outros. Temos estratégias práticas para criarmos e mantermos relacionamentos com uma ampla variedade de pessoas. Não esperamos que uma pessoa "com características felinas" seja fácil de ser influenciada e controlada, da mesma forma que não esperamos que uma pessoa "dotada de características caninas" seja confiante. Esse trabalho resultará na (no):

- Compreensão de nós mesmos e dos outros.
- Aceitação de nós mesmos e dos outros.
- Entendimento de como as "características felinas" e as "características caninas" suas e dos outros são dependentes da situação.
- Separação das suas intenções e dos outros das ações.
- Interpretação mais exata dos seus comportamentos e dos outros.
- Convencimento para que os gatos sejam mais cooperativos.
- Apresentação de novas idéias para resolução de conflitos.
- Conhecimento de quais conflitos não tentar solucionar.
- Tratamento de personalidades difíceis.
- Sedução de uma pessoa com "características felinas" para ela enxergar os benefícios de ser um membro de uma equipe.
- Melhora de nossa liderança para atrair mais pessoas com "características felinas".
- Entendimento de diferenças culturais.

Cuidados

Categorizar um indivíduo como sendo um gato ou um cachorro é ser desrespeitoso no que concerne ao propósito e à utilização da analogia. Jamais conheci uma pessoa que tivesse exclusivamente características felinas ou caninas. É para fins de simplicidade na escrita e na necessidade de o cérebro ter um contraste, que, meramente, são utilizados os termos "cão" e "gato".

O tratamento analógico das pessoas ao serem caracterizadas como cães ou gatos seria incompleto sem três precauções. A primeira tem relação ao fato de não usarmos os termos "cão" e "gato" como um modelo do tipo "ou isso/ou aquilo". O mesmo indivíduo pode ter "características felinas" no trabalho e "caninas" em casa. O gato e o cachorro são as extremidades de uma faixa contínua, e não uma ordenação pontual.

A segunda precaução refere-se às suas expectativas pessoais do que são comportamentos felinos e caninos. Essas expectativas decorrem da cultura que, por exemplo, sua família está acostumada a ter. Ou seja, se um indivíduo vem de uma família de gatos e ele é o membro mais passível de acomodação, então ele se vê muito mais semelhante a um cachorro, se bem que seus parceiros de trabalho podem muito bem considerá-lo como um gato. Tome cuidado, pois sua visão sobre os comportamentos felinos e caninos poderá ser muito diferente do que é percebido pelas demais pessoas.

Os conceitos de gato e cão são particularmente dependentes da situação. A terceira precaução tem relação com a cultura em que um indivíduo está inserido. Ele é visto em comparação com as pessoas que o cercam. Um indivíduo pode ser considerado um gato por um grupo de pessoas e um cachorro por outro.

Ilustração: Situacional

O conceito "situacional" estende-se tanto para os animais como para as pessoas. Um policial está visitando uma escola com uma cadela treinada. As crianças adoram tocar no animal. O policial é chamado para cumprir uma missão, e ele avisa prontamente as crianças para que fiquem distantes da cadela quando esta entrar no carro. A transformação é bastante surpreendente; quando o animal adentra na parte traseira do veículo, ele mostra os dentes e rosna furiosamente. Ele tinha sido esfaqueado diversas vezes numa perseguição de suspeitos.

Toda pessoa tem uma parte dela que é felina e outra parte é canina. Carisma é a habilidade de reconhecer que parte de você foi convocada. Por exemplo, há uma parte de nós que quer respeitar as regras e outra que quer ser criativa e deixar de segui-las. A questão é quando devemos "assar como um cachorro" (seguir receitas) e quando devemos "cozinhar como um gato" (ser criativos).

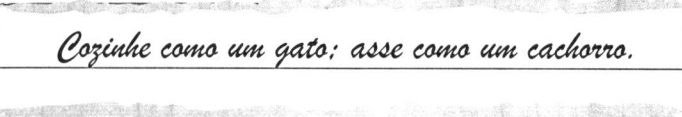

Cozinhe como um gato; asse como um cachorro.

Resumo

Na parte final dessa *Introdução*, o leitor conta com uma estrutura para o entendimento deste livro. A analogia oferece uma descrição de pessoas em uma série contínua de acomodações.

Ou, outro modo de descrever gatos e cães é utilizar uma série contínua de graus de independência.

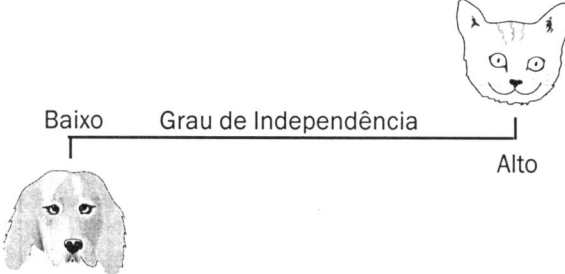

Margaret Wheatley, autora de *Leadership and the New Science*, afirmou que os relacionamentos são os alicerces de uma organização. Ela, entre outros autores, oferece uma perspectiva geralmente referida como "pensamento sistêmico". O conceito de nosso livro "Carisma – A Arte dos Relacionamentos" não está no mesmo nível de sofisticação do que o pensamento sistêmico. Nosso estudo trata simplesmente das interações entre os seres humanos.

Ao aumentarmos o entendimento de nós mesmos e dos outros, construímos uma base melhor para a comunicação. E ao percebermos nossas próprias tendências, conseguimos reconhecer quando podemos ser nós mesmos e quando devemos ser flexíveis.

Como este trabalho é sobre descrições comportamentais de pessoas, tomamos diversas cautelas. Os seres humanos são mais complexos do que os modelos que os descrevem. Cada um de nós tem aspectos semelhantes às naturezas dos cães e gatos, que emergem com base nas situações.

De maneira ideal, o gato que existe em você será ambicioso e deseja ser prontamente carismático.

O cachorro que existe em você lhe dará a persistência para aprender as aptidões necessárias para se tornar carismático.

> *Quando contratar um funcionário, tenha em mente que, para um cão, você é um parceiro de trabalho; para um gato, uma pessoa de suporte.*

Terminamos esse resumo com o poema jocoso apresentado a seguir.

Poema Encontrado nas Escrituras do Mar Morto

Diz a lenda que a seguinte parte do Livro do Gênesis foi descoberta nas Escrituras do Mar Morto. Se confirmado como autêntico, ela lançaria uma luz sobre a pergunta: "Qual é a origem dos animais de estimação?".

E Adão disse: "Senhor, quando eu estava no jardim, o Senhor se dirigia a mim todos os dias. Agora eu não consigo vê-Lo mais. Estou sentindo-me solitário aqui, e é difícil para mim lembrar o quanto o Senhor me ama".

E Deus disse: "Não se aflija, meu filho! Criarei uma companhia para você, que ficará com você para sempre e será um reflexo do meu amor por você, de modo que você saberá que o amo, mesmo quando não puder me ver. Independentemente de sua parcela de egoísmo, infantilidade e da falta de merecimento de amor que você possa ter, essa nova companhia lhe aceitará do modo como você é e o amará como eu o amo, apesar de sua personalidade".

E Deus criou um novo animal para servir de companhia a Adão. E ele era um animal bondoso; Deus ficou satisfeito.

E o novo animal também estava satisfeito de ficar com Adão, e costumava abanar sua cauda. E Adão disse: "Mas, Senhor, eu já dei nomes a todos os animais do Reino, todos os nomes adequados já foram escolhidos, e não consigo pensar num novo nome para esse novo animal".

E Deus disse: "Não se aflija, meu filho! Como criei este animal para ser um reflexo do meu amor por você, o nome dele será um reflexo de meu próprio nome, e você o chamará de CÃO".

E o CÃO viveu com Adão, serviu de companhia para ele e o amou. E Adão estava confortado. Deus ficara satisfeito. E o CÃO ficou satisfeito e balançou sua cauda.

Passado um certo tempo, ocorreu que o anjo da guarda de Adão se aproximou de Deus e disse: "Senhor, o Adão se tornou uma pessoa muito orgulhosa. Ele se empertiga e enfeita como um pavão e acredita que merece ser adorado. O CÃO, de fato, lhe ensinou que ele é amado, mas ninguém consegue lhe ensinar a humildade".

E Deus disse: "Não há problema! Eu criarei para ele uma companhia que ficará com ele para sempre e que o considerará exatamente do jeito como ele é. Essa companhia lhe fará lembrar de suas limitações, de modo que ele tomará conhecimento de que nem sempre merecerá ser adorado".

E Deus criou o GATO para ser uma companhia para Adão. E o GATO não lhe obedeceria.

E quando Adão fitava os olhos do GATO, isso lhe fazia recordar que ele não era o Ser Supremo. E, assim, Adão aprendeu a ser humilde.

E Deus ficara satisfeito. Adão, por sua vez, melhorou extremamente.

E, de uma forma ou de outra, o GATO não se importava.

Michael Grinder

Capítulo 1

Minha Identificação Animal

*O conceito "Cães e Gatos" não é um modelo de personalidade.
É um modelo comportamental de comunicação.*

Eu tenho uma parte de mim "com orientação canina" e outra que "tem orientação felina".

O questionário da página dez encerra diversos conceitos. É possível "baixar" uma cópia dele no site www.michaelgrinder.com. Escolha apenas os itens pertinentes aquilo sobre o qual você está refletindo. Essa e outras planilhas foram desenhadas para serem utilizadas várias vezes.

Como as categorias que explicitam "gato" e "cão" são relativas, pense em um relacionamento ou contexto em que você possua características felinas mais acentuadas. A seguir, pense em um relacionamento ou contexto em que suas características caninas falem mais forte.

Insira "Eu" ou "Eu sou" na frente da descrição apropriada. Por exemplo, "Eu sou mais confiante do que garante minha competência" ou "Eu sou mais competente do que confiante".

Categoria	Descrição de minhas tendências para ser "gato"	Descrição de minhas tendências para ser "cão"
Confiança/competência	____ mais confiante do que garante minha competência	____ mais competente do que confiante
Modo de agir	____ atuo de minha posição como o piloto	____ atuo de minha pessoa como o comissário de bordo
Tom de voz	____ confiável	____ acessível
Ciente dos outros animais	____ pouco ciente dos cachorros	____ muito mais ciente dos gatos
Poder	____ confortável com ele	____ tímido diante dele
Busco a	____ busco promoção/desafio	____ busco comodidade
Conflito	____ não recuo ____ no geral não sou ciente se eu o provoco	____ assustado e confuso na sua presença ____ ofendido se tiver de apontar algo
Características inatas	____ ambicioso ____ procuro ser eu mesmo	____ vulnerável ____ muito preocupado com os outros
Característica média	____ desejo ser respeitado	____ desejo que gostem de mim
Característica extrema Quando estressado Quando tranqüilo	____ arrogante/rigoroso ____ visto como raivoso ____ visto como decisivo	____ afligido por culpa/bajulador ____ visto como suplicante/vítima ____ visto como à procura de informações
Pessoas	____ forço-as a prestarem contas	____ aceito-as facilmente
Ênfase	____ enfatizo questões	____ enfatizo ânimo elevado/relacionamentos
Estilo de gestão	____ intervenho no início	____ intervenho muito depois
Gestos	____ abaixo as palmas da mão	____ levanto as palmas das mãos
Nível de influência	____ de maior influência	____ de menor influência
Auto-imagem	____ priorizo a auto-seleção; de uma perspectiva interna	____ dependente de como seja a visão dos outros
Perfeição	____ motivado pelo progresso	____ adoro fazer atividade que satisfaça aos outros
Como pai/mãe	____ garanto para meus filhos que eles são alguém	____ estimulo meus filhos para que eles possam ser alguém
Propósito na vida	____ procuro me meter na vida dos outros e tento reparar	____ procuro ser feliz
Novidade	____ se opto por algo, fico bastante entusiasmado	____ quero ter bons desempenhos
Intriga vs. Clareza	____ adoro intrigas	____ adoro clareza
Apologia	____ sobre o que você está falando!	____ iniciarei ainda que não seja meu erro
Níveis de aprendizado	____ atraído e inspirado por aptidões complexas	____ refino antigas habilidades e domino novas
Processo de tomada de decisões	____ adoro decidir	____ prefiriria apenas coletar informações

Michael Grinder

Origens de Minha Auto-Imagem

Nossa auto-imagem é criada a partir de nossa vida no seio da família e de nossa vida social na escola. Nossas expectativas do que são comportamentos felinos e caninos são baseadas na cultura em que nos formamos ou naquela em que estamos inseridos.

Nossa auto-imagem freqüentemente permanece conosco até quando há mudanças nas circunstâncias da realidade. Por exemplo, se somos provenientes de uma família de gatos e somos o membro mais propenso a acomodações, nossa auto-imagem é a de um cachorro. No entanto, provavelmente correremos o risco de sermos considerados gatos pelos parceiros do trabalho.

Para descobrir ainda mais sobre as origens de sua auto-imagem, reavalie sua genealogia imediata. De modo geral, as expectativas que temos em relação a nós mesmos são herdadas – herdadas de modo que respondemos aos modelos com os quais fomos criados (Agradecemos a Fleur Easom pela criação desse diagrama).

Coloque a letra apropriada próxima de seus pais ou avós:
- Uma letra minúscula "g" se a pessoa tiver tendências de um gato.
- Uma letra maiúscula "G" se ela for definitivamente um gato.
- Uma letra minúscula "c" se ela tiver tendências de um cachorro.
- Uma letra maiúscula "C" se ela for definitivamente um cachorro.

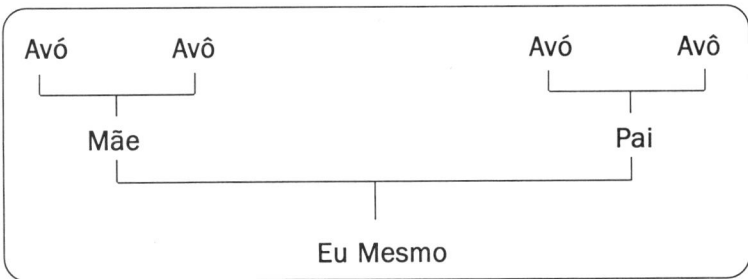

A seguir, insira o símbolo apropriado próximo a seus pais e avós:

- um "+" se você interpreta/percebe a demonstração das características envolvendo cão/gato como positiva.
- um "–" se você interpreta/percebe a demonstração das características envolvendo cão/gato como negativa.

Baseado nas informações acima, quais são as influências de sua autoimagem?

Há uma correlação entre sexo e expectativas de como se comportar? Será que os símbolos "+" e "–" seriam atribuídos diferentemente se a pessoa fosse de outro sexo?

> *Nossa auto-imagem é a principal variável que influencia nosso crescimento profissional.*

Eixo Pessoal e de Posição

Há uma parte de mim que é a minha própria pessoa e outra parte que é a minha posição. Minha personalidade individual e minha posição têm de ser compatíveis. Às vezes temos o fenômeno do "descompasso", quando ocupo uma posição muito alta para minha personalidade. Um outro modo de dizer isso é que "Não sou suficientemente 'felino' para o trabalho e para os níveis de responsabilidade pertinentes à posição". A maneira como controlo a tensão é uma indicação de minhas qualidades felinas e caninas.

O conceito de "Posição e Pessoa" é um tema que corre paralelo ao livro, agregando ao nosso entendimento de onde nos encaixamos na série contínua de cães e gatos. O termo *posição* é intercambiável, com o gato e a *pessoa* sendo sinônimos de cachorro.

A vantagem de agregarmos posição e pessoa ao nosso vocabulário é que aumentamos nossa capacidade de prever quando estamos propensos a mudar de uma posição para a nossa pessoa, ou vice-versa.

Michael Grinder

Ilustração: Harry Truman

Harry Truman, presidente dos EUA à época do final da Segunda Guerra Mundial, era famoso tanto por sua franqueza posicional como por seu humor pessoal. O filme *Truman* acentua essa diferença[5]. Ele vê claramente a diferença entre si próprio como *pessoa* e a *posição* que ocupa. Há uma batalha contínua entre o presidente Truman e o general MacArthur, seu líder militar, que comandava as operações no Pacífico. Nas passagens que se seguem você reconhecerá que MacArthur era de fato um grande "gato", pois misturava num mesmo contexto *pessoa* e *posição*. Truman entendera que o presidente americano era o comandante supremo e MacArthur um de seus generais. Ele não desejava abrir um precedente em que um general fosse mais importante do que o cargo da Presidência.

Em certa ocasião, Truman disse: "Eu apenas sou o homem que está ocupando provisoriamente este cargo. Se eu o manchar, ele ficará manchado depois de minha saída".

Em outra oportunidade, Truman advertiu o general MacArthur para que ele parasse de dar entrevistas coletivas para a mídia que interferissem na política externa. O presidente tomara conhecimento do pronunciamento mais recente do general e estava aborrecido. Em essência, ele dizia:

"Se ele quiser criticar-me pessoalmente, terá como companhia um grande número de pessoas, mas ele não poderá falar mal da Presidência".

Em minha opinião, *West Wing* é atualmente a melhor série de TV no que se refere retratar os conflitos entre *posição* e *pessoa* em um cenário de dinâmica de grupo.

Recomendo aos leitores que vejam suas reprises.

Em cada episódio, inevitavelmente um ou mais personagens se deparam com conflitos internos entre o que *pessoalmente* acreditam e o que é *posicionalmente* (ou seja, politicamente) demandado.

Para explicar o relacionamento entre "pessoa" e "posição", tomaremos emprestado os eixos "x" e "y" da matemática e iremos renomeá-los, respectivamente, de "pessoa" e "posição".

A localização dos símbolos "+" e "—" foi alterada para atender a nossos propósitos. O "+" indica um alto grau de "pessoa" ou "posição"; o "—" baixo grau.

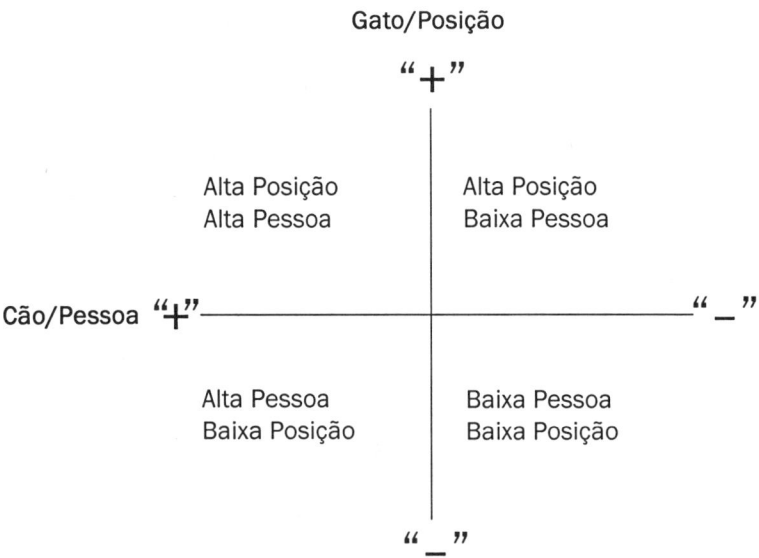

O diagrama que se segue expande o diagrama anterior, detalhando os quadrantes inferior esquerdo e superior direito.

Gato/Posição
"+"

| | Este quadrante é aquele no qual as pessoas atuam com base em suas posições, e não suas pessoas. Provavelmente conhecido por autoridade, mas não se conhece a pessoa. Se elas têm liderança, a mesma é baseada na consistência. |

Cão/Pessoa "+"————————————————"—"

Este quadrante é aquele no qual as pessoas atuam com base em suas pessoas, e não suas posições. Elas são consideradas pelas outras como uma pessoa e não têm poder posicional. Se elas têm liderança, a mesma é baseada no contato pessoal.

Até o momento, os quadrantes superior direito e inferior esquerdo têm sido nosso foco. E o que dizer dos outros dois quadrantes?

Gato/Posição
"+"

Este é o quadrante em que as pessoas querem ficar. Líderes carismáticos são sistematicamente inconsistentes. Eles têm critérios sólidos pelos quais avaliam qualquer situação. Eles sabem as diretrizes e o momento de fazer exceção. Combinam suas pessoas e posições.

Cão/Pessoa "+"————————————————"—"

Quando alguém é desprovido de pessoa e posição, é considerado um *FALOW* (Follow Another Line Of Work – Siga Outra Linha de Trabalho). Eles não têm nenhuma habilidade de liderança. São inconsistentes: lhes falta confiabilidade, capacidade de dependência e previsibilidade. Em suma, são seguidores.

Os quatro quadrantes podem ser identificados como segue:

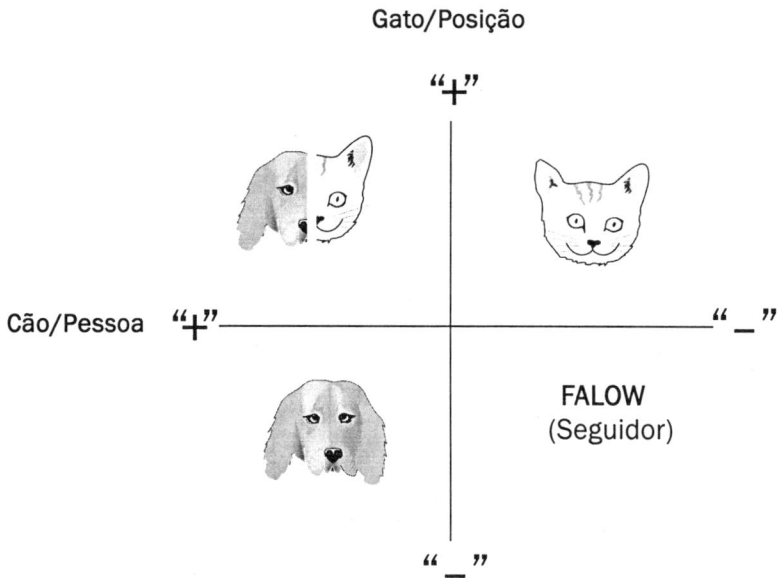

Níveis de Responsabilidade

Acrescentando uma diagonal que cruze desde o quadrante inferior esquerdo ao superior direito e identificando-a como "níveis de responsabilidade", podemos prever em qual quadrante uma pessoa provavelmente se enquadra em uma organização.

O conceito envolvendo "níveis de responsabilidade" é a variável que nos influencia se atuarmos com base em nossa *posição* ou nossa *pessoa*.

A regra básica é que quanto menor o nível de responsabilidade, mais provável que se atue com base na "*pessoa*" e, quanto maior o nível de responsabilidade, mais provável que se atue com base na "*posição*".

Michael Grinder

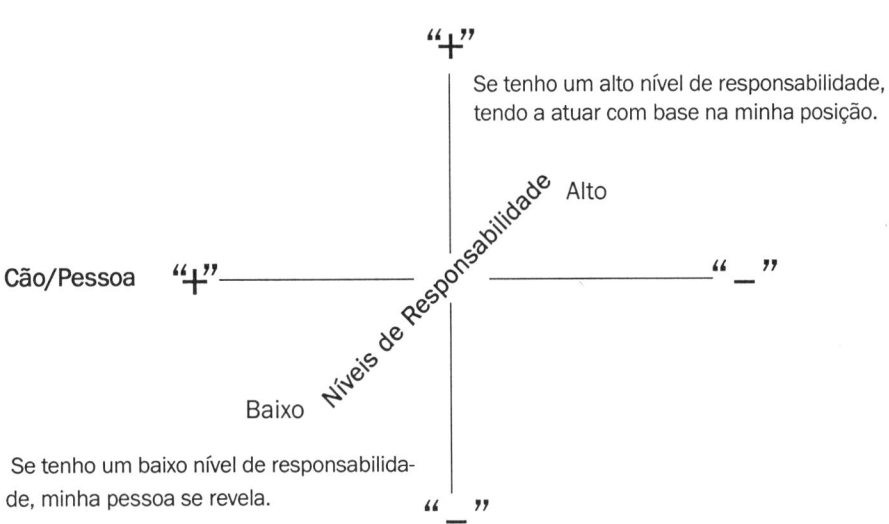

A legenda "Níveis de Responsabilidade" justifica certos esclarecimentos. Na superfície, dá a impressão de que um gato, que tem altos níveis de responsabilidade, é responsável. A implicação é que cachorros, com níveis baixos de responsabilidade, seriam menos responsáveis – um grande insulto para eles.

Níveis de responsabilidade e ser responsável não são conectados diretamente. Um gato pode ter um alto nível de responsabilidade e não estar respondendo de maneira responsável. Um cachorro pode ter um baixo nível de responsabilidade e estar respondendo de maneira bastante responsável. Níveis de responsabilidade e ser responsável são dois conceitos diferentes.

A metade inferior da linha de "níveis de responsabilidade" indica como alguém em uma posição inferior atua – alta pessoa. A metade superior da mesma linha acima indica o efeito da promoção – alta posição.

O gráfico acima ilustra a alta correlação entre posição/função e o grau de "qualidades felinas/caninas" dos indivíduos.

> *Quanto mais alta a posição,*
> *mais gatos são encontrados.*

É questionável se temos um caso em que os gatos são atraídos e promovidos para posições mais altas – o que é verdadeiro – ou se, visto que uma pessoa já ocupou uma posição de altas responsabilidades, a porção "felina" é revelada.

Nos níveis inferiores da organização, os cachorros são a norma. Falando comparativamente, um gato é mais confortável atuando com base na posição enquanto um cachorro é mais confortável atuando com base na pessoa.

Um meio de eu entender a mim mesmo é refletir sobre como sou em vários contextos. Quando penso em uma comissão em que sou o presidente, minhas atitudes são mais sérias e meu foco para a execução e fechamento são maiores. Em outra comissão, em que atuo meramente como membro, minhas ações são mais flexíveis e relaxadas.

Isso também ocorre em minha vida pessoal. Quando é a minha vez de reunir a família em um almoço de final de semana, meu nível de tensão é maior durante a preparação, ao passo que, se formos os convidados, pensaremos no evento de maneira mais descomprometida.

CART

A diagonal também consegue explicar os quatro fatores que distinguem um gato de um cão. Os descritores formam o acrônimo de:

C = *challenge* = desafio
A = *ambition* = ambição
R = *risk* = risco
T = *tension* = tensão

Michael Grinder

```
                    Gato/Posição
                        "+"
                        │
                        │      Alto
                        │    ╱
                        │  ╱ CART
                        │╱  Níveis de Responsabilidade
Cão/Pessoa  "+"─────────┼─────────────── "−"
                       ╱│
                     ╱  │
                   ╱    │
                        │
                       Baixo
                        │
                       "−"
```

Os "gatos" acolhem com prazer níveis mais altos de *challenge* (desafio), têm maiores níveis de *ambition* (ambição) e visam níveis mais altos de *risk* (risco) e *tension* (tensão).

Desafio

As Cataratas do Niágara são o berço de uma legenda de nome Sr. William "Red" Hill. Um dia uma barcaça de aço, com três homens a bordo, estava sendo puxada por um rebocador quando a corda do reboque rompeu e ela ficou à deriva. Após diversas tentativas de lançamento de uma corda que passasse pela mastreação da embarcação, a corda ficou emaranhada, impedindo que uma bóia atingisse a barcaça. Red ofereceu-se espontaneamente para esgueirar-se cautelosamente pela obstrução acima de onde quebravam as águas espumejantes e desemaranhar as cordas. A bóia finalmente alcançou a embarcação e todos os homens a bordo foram resgatados.

A maioria das pessoas opera dentro dos espaços limitados de "nós sempre fazemos isso dessa forma". Os "gatos" abrem o envelope, visualizam o Canal do Panamá, descobrem a penicilina e nos levam até a Lua.

Pioneiros e Acomodados

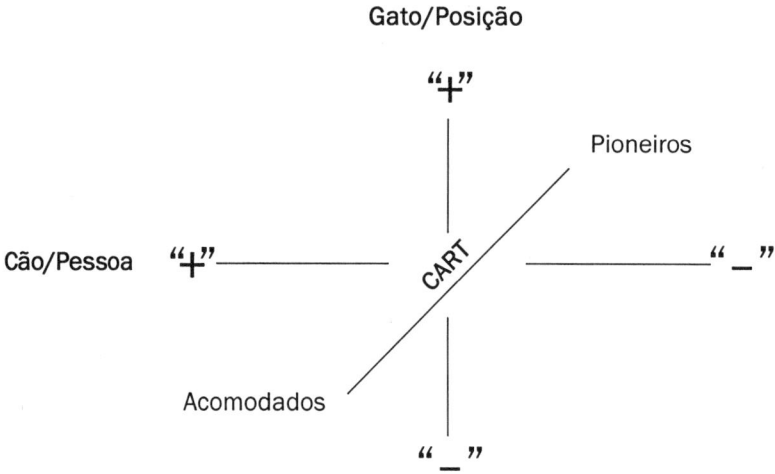

A última extremidade ocupada pelos "gatos" são os pioneiros. Eles são como a criatura mítica Ícaro, que voou tão alto que o sol derreteu a cera usada na fixação de suas asas. Para uma pessoa comum, os "pioneiros" podem parecer um tanto loucos. O público toma conhecimento de um CART que morre "em alguma tentativa..." e diz "tolo". Quando um CART consegue sair vivo, nossos queixos caem abertamente de espanto com a audácia. Ainda temos uma parcela de pessoas entre nós que murmuraria: "tolo sortudo!". Amelia Earhart e Charles Lindberg são exemplos de CARTs. Pelo fato de Ícaro ter morrido na queda, o adjetivo "icariano" tem a conotação de ousado, atrevido e impulsivo.

Lewis e Clark eram os CARTs dos primórdios do século XIX – eles foram onde "nenhum homem tinha ido antes". Apressamo-nos em acrescentar que pioneiros, pessoas que "sonham e fazem", povoam ambos os sexos – Sacajawea antecipou-se a Lewis e Clark.

De acordo com a opinião geral, os pioneiros são pessoas "insensatas". "Insensato" como na seguinte citação: "Nada jamais é inventado ou descoberto por pessoas sensatas". Para nossos propósitos, focaremos no pioneiro que sobrevive ao que os demais denominam desastre. Como eles são? Bem.

> *Os gatos caem apoiados nas patas*

Os executores de ponta são "gatos". Observe um jogador profissional de beisebol dando uma horrível gingada em um arremesso de bola. Ele imediatamente abandona a caixa do batedor e procura tirar isso da cabeça. Após terminar um ritual de alongamentos corporais e ajustes com os uniformes, o jogador volta para a caixa com uma atitude: "Eu não sei quem efetuou este último movimento, mas ESTOU AQUI AGORA!" A estratégia favorita de um gato é a amnésia – "Vamos prosseguir em nossa próxima vida... nos deram nove vidas para podermos utilizá-las todas... e, além do mais, quem está registrando essa contagem?" A piada é que os melhores executores são egípcios pois eles vivem *in D' Nile* (na região do Nilo), [*in deny* = negando quase tudo].

Se você aprecia praticar o método da "negação" dos executores de ponta. Coloque um lembrete na direção de seu carro. Todos os dias, quando você estiver dirigindo com segurança rumo à sua casa, olhe para ele e reexamine o seu dia.

> *Reexamine na terceira pessoa.*
> *Programe na primeira pessoa.*

Os "cachorros" revisam os seus dias com os pronomes na primeira pessoa – "Eu hoje realmente fiz tudo errado!" É uma viagem de culpa canina. O propósito da tradição judaica-cristã de culpa é o de fazer mudanças. Na realidade, a estratégia dos melhores executores gera mudanças aceleradas. O "gato" revisa seu dia referindo-se à sua posição – "O gerente realmente fez tudo errado hoje!" Depois ele ri dos erros do gerente. O "gato" muda para o pronome em primeira pessoa e arrogantemente gaba-se na próxima vez em que aparece uma situação similar – "O que PLANEJO FAZER É...".

Os executores de ponta têm falta de memória no que se refere aos seus erros. Assim, se você está a ponto de cometer um erro, faça-o na qualidade de um gato e, dessa maneira, sua congruência será mais elevada. De modo geral, o erro não é percebido pelas outras pessoas como tal (Veja as páginas 46-49, Números 7 e 8).

Se o pioneiro representa a última extremidade do CART, qual é a última ponta representativa dos cães na série contínua? Acomodados. Há muito mais acomodados do que pioneiros. O trabalho pioneiro do Dr. David Livingstone na África saiu nos jornais londrinos e um grupo escreveu para ele perguntando: "O senhor descobriu uma boa estrada para chegar ao seu acampamento? Se a resposta for positiva, gostaríamos de saber como enviar outros homens para se juntarem a você na empreitada". Livingstone escreve de volta: "Se vocês têm homens que virão somente se souberem que há uma boa estrada, eu não os quero. Quero homens que viriam mesmo se não existissem estradas[7]".

Ilustração: Dodger e Mac

Moramos próximos a uma rodovia movimentada em uma região rural. Há oito anos, quando compramos nossa gatinha, desejamos boa sorte à ela apelidando-a de Dodger (trapaceira). Quando ela não está entretida com brincadeiras de pega-pega com calotas de carros, deslizará pelo piso da cozinha caçando algum objetivo invisível. Quando ela bate contra a geladeira, imediatamente recupera sua compostura e se lambe toda, como se expressasse: "Eu pretendi fazer isso!". Em contrapartida, nosso cachorro Mac perambulará em uma área de nosso quintal e, inadvertidamente, tocará num espinho de amoreira com suas patas e retornará berrando para o alpendre mais seguro nos fundos. Sua expressão facial é de "Não estou certo do que fiz, mas sei que mereço isso e prometo não ir mais lá outra vez".

Ambição

Na escola, nossos alunos "talentosos e dotados" não estão interessados em estudar. Os professores, com boas intenções, recomendam o seguinte: "Vocês têm um potencial tão grande!". Lá pela sétima série, eles detestam ouvir esses comentários desalentadores. Como gatos verdadeiros, eles estão devaneando pela vida, esperando por algo merecedor de suas atenções. Muitos inovadores não se saem bem nos estudos.

O conceito envolvendo "gatos e cães" explica culturas inteiras. Setores que têm alto nível de flutuação geram "gatos". A área eletrônica é um exemplo. O fundador da *Apple Computers* tinha fugido da escola.

Os cães ficam confortáveis vivendo no *status quo*, enquanto os gatos encontram a liberdade no caos. O líder "com características caninas" aumenta eficiência e proficiência pela melhor organização de pessoas e sistemas. Um líder "dotado de características felinas" visa um nível maior, em que possa desempenhar.

De modo geral, um gato passa por três estágios. Inicialmente, eles estão cientes do que é a "norma" – à qual consideram como repugnante. Em seguida, eles farão qualquer coisa menos a regra. Essa é uma aventura aleatória com resultados variados. Nem todos os gatos conseguem chegar no terceiro nível – muitos deles perduram para sempre no nível caótico. Eles observam o ambiente e se perguntam: "Por quê?"

Apenas os gatos mais ambiciosos perguntam: "Por quê não?".

> *"Falhar na tentativa de fazer mais do que se consegue é o mais admirável dos vários excessos americanos."* [8]

Presa fácil do tédio, um "gato" próspero põe em risco sua fortuna para arriscar ter fortuna ainda maior.

Risco

Quando um avião aterrissa em um aeroporto de grande porte em horários de maior movimento, é comum vermos outras aeronaves nos arredores. Na realidade, com muita freqüência dois aviões aterrissam simultaneamente em pistas paralelas. É comum que os passageiros rezem para que os controladores de tráfego aéreo estejam alertas. O grau de alerta deles cresce quando o aeroporto está movimentado.

O que não percebemos é que, quando o tráfego aéreo está tranqüilo, atingimos o máximo de nossas vulnerabilidades. Os controladores de tráfego aéreo fazem parte de uma classe especial de pessoas. Trata-se de uma cultura de indivíduos de alto risco. Eles vivem pelo risco.

Para explicar esse fenômeno, imagine um gato de verdade. Ele dorme mais de 18 horas ao dia, se bem que pode levantar-se com um salto em um instante. De modo geral, um cachorro vê o gato como preguiçoso; no entanto, mesmo embalado no sono mais profundo, ele consegue irromper com as duas patas no ar. Essa é a razão pela qual alguns astros dos esportes não treinam bem, mas você deseja tê-los em sua equipe para uma competição.

Não há muito risco envolvido durante os treinamentos. Um gato é mais "ligado" quando o risco atinge o pico. Um cachorro se intimidaria com essa pressão. Michael Jordan sempre queria ter a posse da bola quando o tempo estava esgotando-se. O mesmo é verdadeiro no hóquei sobre patins, no caso de Wayne Gretzky; ele queria a bolinha em seu bastão nos últimos minutos das jogadas. Michael diz que ele perdeu mais jogos do que venceu ao fazer o último arremesso. Wayne prega ironicamente que "só quem arrisca um tiro é que erra". No final da competição esportiva, os jogadores "dotados de características caninas" não arriscam; os "com características felinas", sim.

> *Os jogadores "dotados de características caninas" não arriscam, os "com características felinas", sim.*

Atletas aposentados praticam de modo geral golfe pela excitação que esta atividade proporciona. Não se trata apenas do jogo em si, mas sim dos riscos que forçam o movimento de seus fluídos. A prática se torna uma competição de apostas, geralmente com consideráveis riscos financeiros.

Tensão

Certas profissões atraem "gatos" enquanto outras atraem "cães". Os artistas geralmente têm de aumentar a tensão para poderem ser criativos. Gary Larson, criador do *Far Side*, afirma abertamente que ele não sabe de onde extrai suas idéias. Para, depois, acrescentar prontamente: "É certo que espero que elas continuem aparecendo, pois tenho prazos para cumprir". Os "gatos" têm um estado de vigilância relaxado.

Durante a época em que concluía o segundo grau, apinhávamos-nos no vestuário antes do início do jogo que determinava se poderíamos avançar até a próxima série de *playoffs*. A tensão era inacreditável. Sentindo a ansiedade, o treinador abriu a palestra com a pergunta: "Nervosos?". Um grande número de jogadores acenou com a cabeça positivamente. Então, ele fez uma pausa, olhou silenciosamente todos os comandados nos olhos e quebrou o gelo com: "Naturalmente que vocês deveriam estar – isso é o que chamamos de empolgação!". O time, em uma só voz, soltou risadas de alívio ao saber que suas emoções eram normais.

Recordando agora desse fato, os "cães" balançariam as cabeças positivamente quando perguntados se estavam nervosos. Os "gatos" não interromperiam até que o treinador reestruturasse os sentimentos deles como "empolgação". A diferença entre os jogadores "com características felinas" e os "dotados de características caninas" torna-se ainda mais pronunciada quando o treinador sussurrasse com consideração: "Onde vocês prefeririam estar?". Os "cães" ficariam atemorizados, cientes de preferiririam não ter todos os estudantes contando com eles. Os gatos, por sua vez, sorririam, pois estariam jogando para seus próprios deleites.

Os superatletas são "gatos" que não darão ou irão esperar uma "chance" sequer de seus adversários durante um jogo. E, no entanto, imediatamente após o final da competição, esses mesmos "animais" exibem uma efusão de apreciação por seus oponentes. Apenas um combatente valioso pode alçá-lo ao seu próximo nível de desenvolvimento. Os "gatos" lhe respeitam se você exigir deles. Eles odeiam quando os seus oponentes sofrem algum tipo de machucado, pois gostariam de saber que poderiam derrotá-los mesmo se estes estivessem em plenas condições físicas.

Na tradição japonesa, o propósito final de uma competição de artes marciais é o auto-aperfeiçoamento. Partindo dessa perspectiva, a competição não é um processo, tampouco uma meta, pois o "aperfeiçoamento" é ilimitado. O objetivo de vencer a competição não é assim tão relevante; seu oponente não é seu inimigo, e sim um aliado na sua busca pelo auto-aperfeiçoamento.

Para contrabalançar com a visão dos "cães" de que os competidores "se respeitam mutuamente", apresentamos uma história do Portal da Fama extra-oficial dos Oponentes de Notre Dame. O time de futebol dos "irlandeses aguerridos" aproximava-se de seu último jogo com uma linha ofensiva depauperada. O central não fora substituído. No final do primeiro tempo, ele teve uma contusão grave.

Os boatos que filtraram o vestuário do oponente davam conta de que o rapaz tinha trincado duas costelas e estava muito machucado. No final do intervalo do jogo, o oponente do central perguntou. "De que lado?". Este último hesitou em responder devido à sua condição vulnerável. Ele decidiu confiar nele e apontou para o lado machucado. O oponente imediatamente mudou sua posição de modo que pudesse pressionar somente o "lado são" do jogador.

Carisma

Na condição de comunicadores, nossa meta final é a de sermos mais carismáticos. Queremos que as pessoas sejam mais receptivas aos nossos pontos de vista. De que maneira podemos atingir o quadrante do carisma? Isso depende de minha posição na diagonal dos Níveis de Responsabilidade. Serão oferecidas duas rotas até o carisma. À medida que você interpretá-las, considere o caminho que lhe é mais apropriado.

"Gatos" Tornando-se Carismáticos

Se meu nível de responsabilidade é alto e sou bem-sucedido em minha posição, é muito provável que irei agir de acordo com meus traços felinos (Se meu nível de responsabilidade é alto e não sou bem-sucedido em minha posição, preciso aumentar o meu lado "gato").

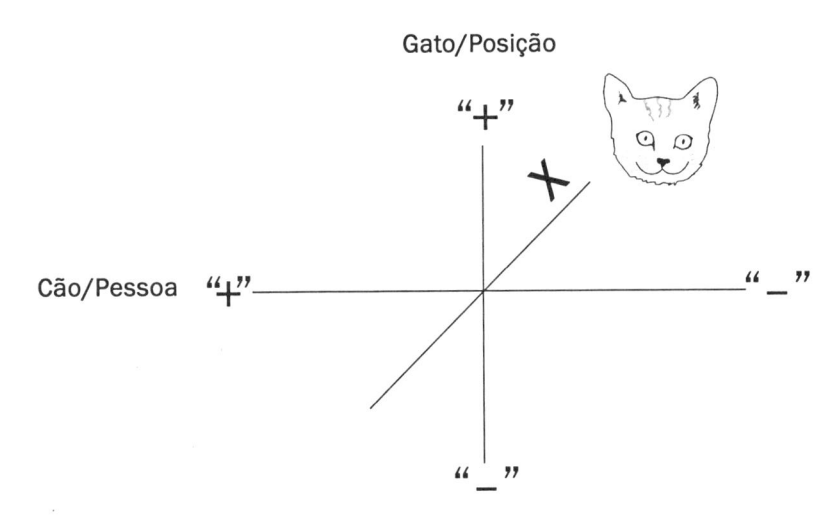

Para que um gato seja carismático, percorre-se a rota desenvolvendo-se as qualidades de um cachorro.

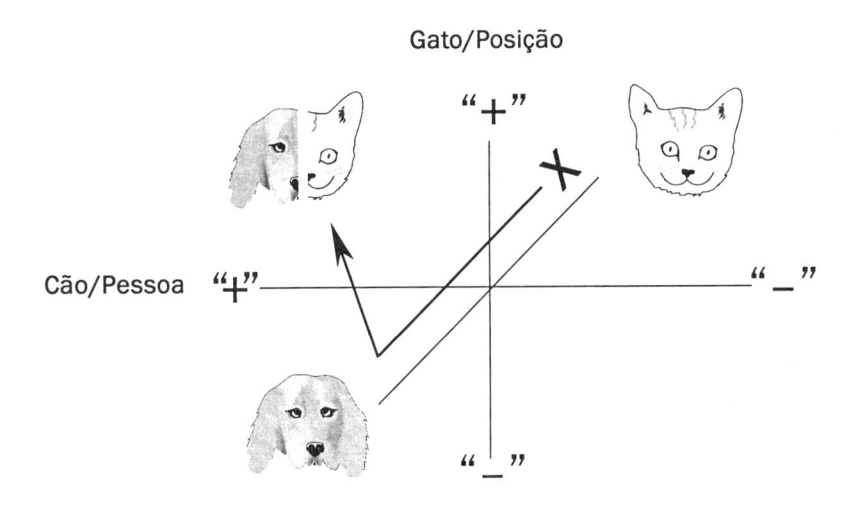

> *Os gatos se tornam carismáticos aumentando suas habilidades caninas.*

Habilidades Caninas

Os cães desejam entrosamento e confiança – essas características de modo geral são subprodutos do sentimento de reconhecimento e apreciação. Esses animais buscam líderes que sejam genuínos, reais e autênticos. Eles sentem que são bem amados quando você se envolve nas seguintes atividades:

• Aumenta os relacionamentos pessoais; sabe o que é importante nas vidas particulares das pessoas.

• Ouve bastante – estando presente por inteiro enquanto presta atenção e mantém contato visual.

• Anota as datas de aniversário das pessoas e se recorda das mesmas.

• Aprende o que é importante em seus mundos e pergunta sobre os desenvolvimentos mais recentes.

• Atua de maneira mais igualitária.

• Fica ciente da contribuição dos demais e os agradece com apreciação emotiva.

• Em lugar de emitir uma ordem, quando possível, tenta pedir um "favor".

• É menos formal na fala, nas roupas e nos comportamentos.

O comportamento que você particularmente desenvolve é a "acessibilidade". Um dos modos mais fáceis de entender a importância de se empregar essa facilidade de abordagem é vendo como se dá a comunicação durante um processo de tomada de decisões; esse processo encerra as fases de Coleta, Avaliação e Decisão.

O "Gato" Praticando Acessibilidade

Um "gato" tem de ser cuidadoso, pois o fluxo de informações recebidas dos que se encontram nos níveis inferiores poderá não ser suficientemente detalhado. Na qualidade de indivíduo de voz confiável [os machos (homens) tendem a se enquadrar nessa categoria], suas habilidades têm um alto valor durante as fases de Avaliação e Decisão, no processo de tomada de decisões.

Com muita freqüência, você tem de ter uma certa cautela se estiver na condição de subordinado, pois o tom de sua voz pode levar o superior a ficar preocupado pensando que você esteja querendo tomar seu emprego. Quando você estiver atuando como gerente, suas manifestações não-verbais são mais apropriadas para uma comunicação posicional. Isso porque os padrões de credibilidade de sua voz fazem com que seus subordinados pensem que estão demandando muito de sua paciência e de seu tempo.

Pelo fato de você ser um superior de voz verossímil, seu desejo é manter os relacionamentos com os subordinados separando as questões de uma situação das pessoas envolvidas. É aceitável e eficaz examinar um documento e utilizar uma voz verossímil (mesmo elevada), mas, quando retornar o olhar para o subordinado, não se esqueça de que o contato ocular deve ser acompanhado de uma voz suave.

Para Praticar o Tom de Voz Acessível

• Ao pronunciar as palavras, balance ligeiramente a cabeça para cima e para baixo com um certo ritmo.

• No final de sua fala, curve sua cabeça um pouco para cima.

• Mantenha a cabeça ereta e parada até pronunciar totalmente as últimas palavras.

• Em silêncio, mexa sua cabeça para retorná-la à posição original.

Você poderá considerar a utilidade de fingir que está muito feliz. A respiração superficial que acompanha sorrisos gera o efeito da acessibilidade.

Uma vez que você tenha Síndrome de Poliana, é preciso substituir a amabilidade de volta com uma versão mais crível.

Os outros refinamentos são:

- Permaneça com as pontas dos pés não apontadas para a frente.
- Troque de posição de modo que haja mais peso incidindo em um pé do que no outro.
- Mantenha as mãos na frente de seu corpo e os pulsos na mesma altura dos cotovelos para que seus antebraços fiquem paralelos ao solo.
- Permaneça com as palmas das mãos para cima.
- Mova os antebraços e as mãos ritmicamente com sua cabeça. Geralmente suas mãos dão a impressão de estarem fazendo círculos num modo rítmico repetido.

"Cães" Tornando-se Carismáticos

Se meu nível de responsabilidade é baixo e sou bem-sucedido em meu trabalho, é muito provável que esteja operando de acordo com meus traços caninos (Se meu nível de responsabilidade é baixo e não sou bem-sucedido em meu trabalho, preciso aumentar o meu lado "cão" para aparentar normalidade).

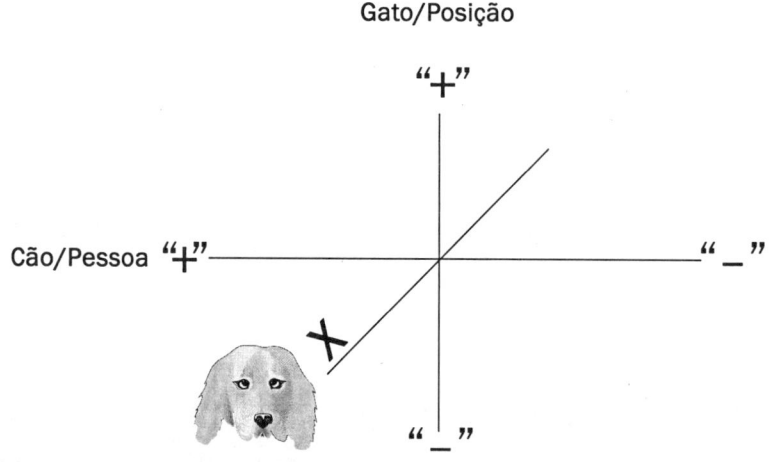

Gato/Posição "+"

Cão/Pessoa "+" ———————————— "−"

"−"

Para que um cachorro seja carismático, percorre-se a rota desenvolvendo-se as qualidades de um gato.

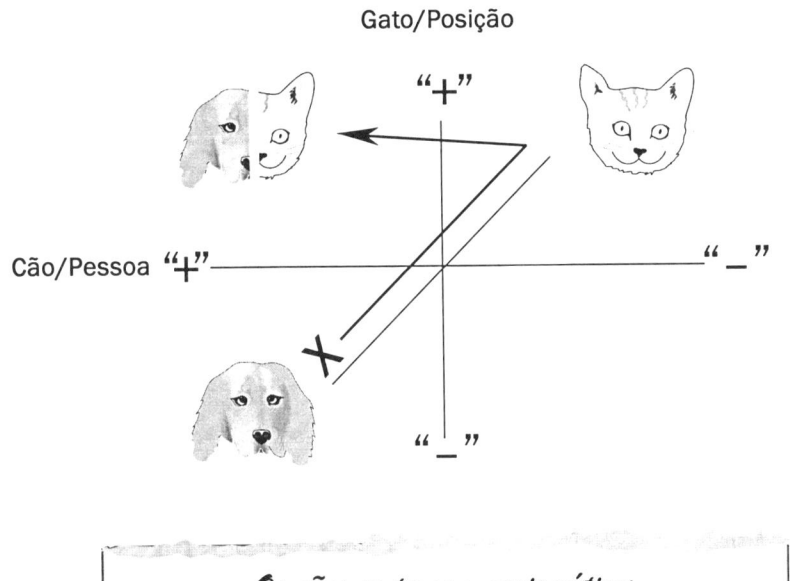

Gato/Posição "+"

Cão/Pessoa "+" ———————————————— " – "

" – "

Os cães se tornam carismáticos aumentando suas habilidades felinas.

Habilidades Felinas

Os gatos querem produtividade e eficiência – essas características de modo geral são subprodutos do fato de se sentirem utilizados e desafiados. Esses animais buscam líderes que sejam competentes, decisivos e dispostos a ajudá-los, de modo que possam terminar seus trabalhos.

Eles se sentem habilitados e crescendo quando você os envolve nas seguintes atividades:

• Aumenta os relacionamentos no trabalho, conhece a cadeia de comando e pede aprovação de partes apropriadas (Na verdade, um gato extremo "agiria" e, depois, aguardaria por um pedido de perdão).

- Obtém o organograma da empresa e o fluxograma do poder.

- Sabe quais são os valores da companhia e se refere aos mesmos nos diálogos.

- Fica ciente das contribuições feitas pelos diversos departamentos e, factualmente, reconhece-as.

- Procura ser justo.

- Em lugar de individualizar cada situação, mantém uma consistência no controle.

- Informa às pessoas as conseqüências antes de elas tomarem corpo.

- Valoriza mais o respeito do que a popularidade.

- Comporta-se de maneira mais formal quanto a fala, roupas e atitudes.

O comportamento que você quer desenvolver é a "credibilidade"[10] (Veja as páginas 91-94 e 108-113 para obter mais detalhes). Conforme mencionado anteriormente, um dos modos mais fáceis de entender a importância do emprego da credibilidade é vendo como se dá a comunicação durante um processo de tomada de decisões; este processo encerra as fases de Coleta, Avaliação e Decisão.

O "Cão" Praticando Credibilidade

Se você tiver mais de um tom de voz acessível e lembrar que, estatisticamente falando, há uma porcentagem mais alta de fêmeas [mulheres] nessa categoria, esteja ciente de que seus talentos de modo geral são extremamente valorizados durante a fase de Coleta de Dados do processo de tomada de decisões. Na realidade, geralmente o indivíduo de voz acessível é o eixo central para o qual são dirigidas todas as informações durante a fase inicial desse processo.

Imagine um grupo de cinco pessoas em uma reunião; quatro delas com vozes extremamente *confiáveis* e uma com voz extremamente *acessível*. Há uma alta correlação entre ter uma voz *confiável* e ser um agente poderoso. Os quatro indivíduos estão persuadindo com todos os meios em um cenário em que cada um tenta parecer melhor que o outro membro, procurando diminuí-lo. Com o andamento da reunião, os quatro indivíduos geralmente se dirigem ao indivíduo *acessível*, embora na verdade estejam endereçando uma resposta a qualquer um dos outros quatro participantes. O indivíduo *acessível* se inclina na direção do participante que está com a palavra, faz perguntas esclarecedoras e emite sons ao mesmo tempo em que mantém um atento contato visual. Obtêm-se informações devido à capacidade de escuta e pela habilidade de facilitação e segurança criada pelo indivíduo de voz *acessível*.

Seu tom de voz acessível inato é indispensável durante a fase de Coleta de informações. Todavia, você é deixado de fora durante a fase das Decisões.

Quando se chega na hora de avaliar e decidir, ninguém mais olha para o indivíduo *acessível*. Intrigado, o centro já não é mais uma parte da roda do poder. Sugestão: se você estiver na extremidade da série de vozes *acessíveis*, não se esqueça de mudar sua fisiologia para o lado *confiável* à medida que o processo de tomada de decisões rumar da fase de Coleta para Avaliação e Decisão. Sente-se de modo ereto. Não sorria. Corpo rígido. Voz normal, sem grandes entonações (similar à usada nos negócios).

> *Ao adotar uma fisiologia apropriada para a fase, você permanece como um membro influente.*

Para praticar o tom de voz confiável:

- Mantenha a cabeça (queixo) a alguns centímetros acima do que o usual.

- No final de sua fala, penda a cabeça para frente e para baixo.

- Mantenha a cabeça abaixada e parada até pronunciar totalmente as últimas palavras.

- Durante as pausas, mova sua cabeça para cima, superando em alguns centímetros a posição normal.

Todas as pessoas têm os dois padrões de voz. A estratégia é recordar em que contexto cada uma delas foi utilizada. Então, simule que você está em um determinado contexto para acessar novamente o padrão de voz. Você poderá considerar a utilidade de fingir que está, praticamente, furioso.

A respiração forte característica de ira ou pressão gera o efeito da credibilidade. Uma vez que você tenha uma voz furiosa acreditável, é preciso respirar mais baixo antes de emitir a voz. Isso lhe dará a impressão de que você é uma pessoa decidida.

Os outros refinamentos são:

• Permaneça com os dedos dos pés apontados para frente e com o peso corporal apoiado em ambos os pés.

• Mantenha as mãos dobradas nos cotovelos e estire-as horizontalmente com as palmas das mãos abaixadas.

• Enquanto você fala, seus braços e mãos podem mover-se lentamente. Eles devem descer juntamente com a cabeça no final da declaração.

Influência e Poder

Carisma é termos amor de nossos cães e admiração de nossos gatos. Carisma é uma combinação dos "gatos" e "cães" existentes em nós. Um modo sofisticado de pensar sobre essa mistura é examinar a *influência* e o *poder*.

A principal prioridade de uma pessoa carismática é atuar com base em uma influência pessoal e, se necessário, ficar confortável para mudar até poder posicional. A diagonal (Níveis de Responsabilidade e CART) pode também ser uma série contínua no tocante à *influência* e ao *poder*.

Um cachorro vive pela Regra de Ouro do "Trate os outros da maneira como você quer ser tratado". Ele espera que a sua inquietação e cuidados sejam *influenciados* pela modelagem. Evidentemente, um gato descreve divertidamente a Regra do Ouro como "Quem tiver o ouro dá as regras". Um gato espera que os demais o sigam em virtude de sua autoridade.

Gato/Posição

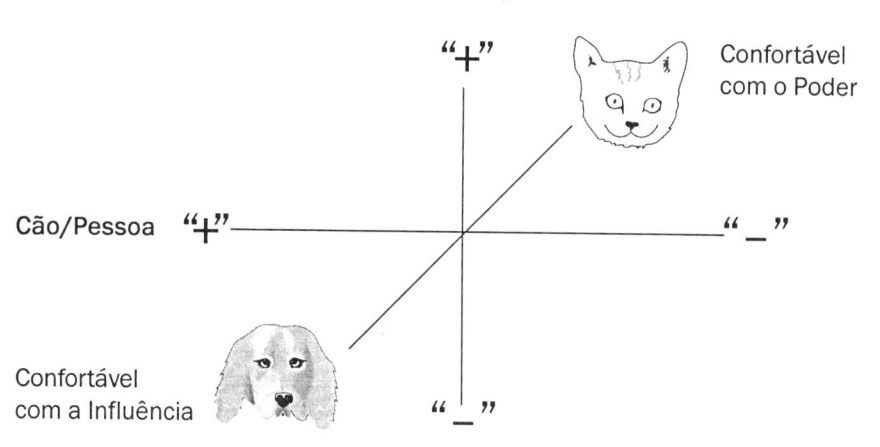

"+" Confortável com o Poder

Cão/Pessoa "+" ──────────┼────────── "−"

Confortável com a Influência

"−"

> *É óbvio porque um "gato", atuando com base no poder, não pode ser carismático. Resistência passiva é sempre mais poderosa do que autoridade ativa.*

Similarmente, um "cão", atuando com base na influência, não pode ser carismático – como não vivemos em Camelot –, e os gatos nem sempre respeitam a influência. Teremos épocas em que os indivíduos não serão movidos pela influência. Se não houver nenhum poder o qual possa usar, então minha influência será parcialmente reduzida e, em certas ocasiões, aniquilada. De modo geral, o emprego de poder não é para o bem do indivíduo que estou gerenciando, mas sim para o bem do grupo (Certamente um tópico bastante vasto para garantir um outro livro. Veja *A Healthy Group*, de minha autoria).

Perder a Qualidade

Embora nossa meta seja a de sermos carismáticos, é igualmente importante contar com um plano de recuperação caso tenhamos carisma e percamos essa qualidade. Às vezes pode ocorrer um incidente que desencadeia a perda dessa qualidade. Em outras oportunidades, as diferenças sazonais entre as pessoas com maiores e menores níveis de responsabilidade promovem uma perda dessa qualidade. Se tivermos carisma e perdermos essa qualidade, a questão é: "Em que direção iremos nos recuperar: no quadrante do gato ou no do cão?".

Gato/Posição

"+"

Carisma ?

Cão/Pessoa "+"   "—"

Seguidor

"—"

A resposta depende do meu nível de responsabilidade no interior da organização.

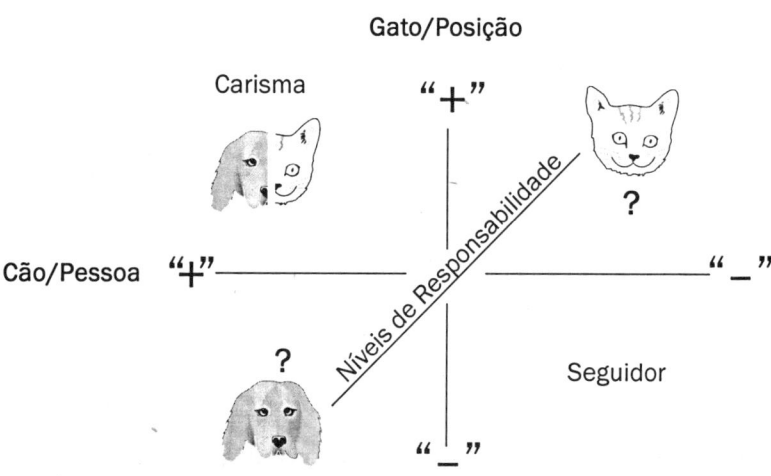

Gato/Posição

Carisma   "+"

Cão/Pessoa "+"   ?   "—"

Níveis de Responsabilidade

?   Seguidor

"—"

Quanto maior o meu nível de responsabilidade, o mais apropriado é mover-me para o quadrante do gato. Atuar com base na minha relação "gato/posição" possibilitará aos que me cercam desempenhar mais integralmente.

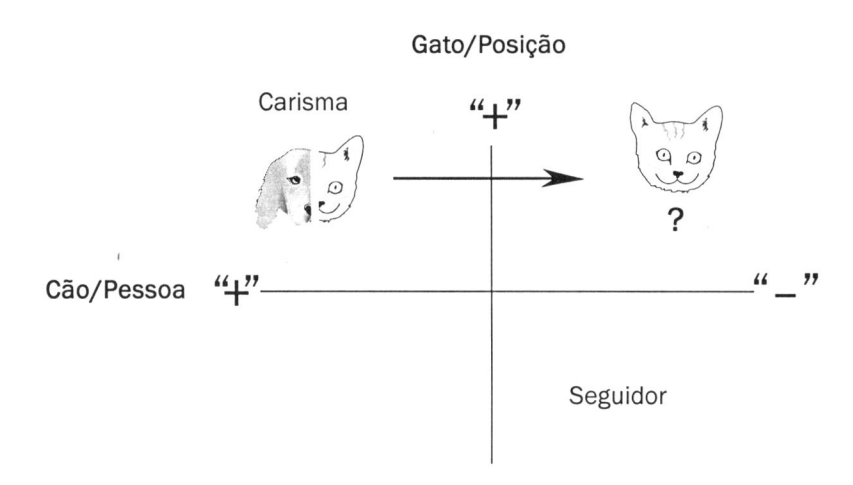

Quanto menor o meu nível de responsabilidade, o mais apropriado é mover-me para o quadrante do cão.

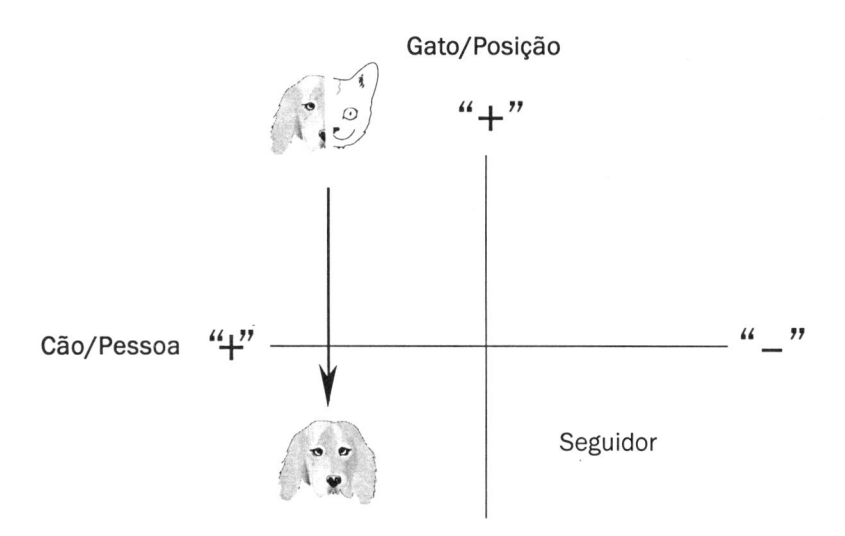

Modelos de Comunicação

Tanto o "cão" como o "gato" acreditam que *os relacionamentos* são a chave para o sucesso. No entanto, o cão pensa em um modelo pessoal, enquanto que o gato pensa em um modelo de negócios. Eles definem relacionamentos de modos muito diferentes[11].

Modelo Pessoal (Cachorro)	Modelo de Negócios Posicional (Gato)
igualitário	hierárquico
relacionamentos pessoais	funções e papéis claros
entrosamento/Rapport	papéis
confiança	tarefas/expectativas claras
amizade	liderança
foco interno	foco externo
ações baseadas em sentimentos	ações baseadas em dados verificáveis
quer ser gostado	quer ser respeitado
amabilidade	trabalhando em conjunto
busca conforto	busca honestidade/prestação de contas
empatia oferecida	*feedback* dado
suporte emocional	assistência profissional
pede favores	demanda responsabilidade
comprometimento	resultados transparentes estáveis
aconselhamento	*coaching*
presunções com base em interpretações	fatos e dados
desestruturado	estruturado
considerações psicológicas	considerações profissionais

O líder carismático combina os dois modelos. O grande explorador da Antártida, Ernest Shackleton, combinava a autoridade de sua posição com sua força de caráter para salvar todos os seus homens. O filme *"Master and Commander"*, estrelado por Russell Crowe, é um retrato similar.

Quando uma pessoa "com características caninas" conversa sobre a necessidade de relacionamentos com funcionários e subordinados, ele evoca imagens de "entrosamento" e "proximidade", enquanto que a pessoa "dotada de características felinas" visualiza que o termo *relacionamento* indica "trabalhar" e estar "alinhado". Este capítulo nos força a reexaminar qual é o significado do termo relacionamento. Como estudantes de comunicação, entendemos como o "cão" busca relacionamentos pessoais e o "gato" relacionamentos profissionais, se bem que desejamos ampliar o modo de pensar sobre esse termo. Os americanos têm cerca de 17 palavras semelhantes (mãe, pai, irmão, irmã, tia, tio, primo, avô etc.). Em contrapartida, os aruntas, uma tribo aborígine australiana, têm centenas de distinções[12].

Ilustração: Faça Valer Sua Posição

"Todavia, percebi logo no início, que a equipe de exercícios e instruções militares do Exército (ROTC) estava perdendo seu rumo. John estava desatento devido a alguns problemas com a namorada... Eu queria que a equipe se dissociasse dele, procurando repassá-la para outra pessoa... Mas John continuava a insistir: 'Eu consigo fazer isso'... Nós competimos naquele ano... mas perdemos a competição de julgamento de habilidades... Eu estava furioso, principalmente comigo mesmo. Eu tinha fracassado nesse projeto do time, e no projeto de John... também."

"Naquele dia, comecei a absorver que a lição era tanto válida para um cadete em um antiquado Quadro da Fama de Manobras Militares como para um general quatro estrelas do Pentágono. *Aprendi que estar no comando significa tomar decisões, independentemente de serem ou não agradáveis.* (acrescentei o itálico). Se algo está quebrado, repare-o. Quando você faz isso, recebe a gratidão das pessoas que têm sofrido por causa de uma situação ruim. Aprendi em uma competição de manobras militares nos tempos do colégio que você **não pode deixar que a missão sofra, ou fazer com que a maioria pague para poupar os sentimentos de uma pessoa** (acrescentei o negrito). Passados vários anos, eu mantinha uma nota com um ditado debaixo do vidro da mesa no Pentágono que apontava sucintamente, para não dizer sem elegância: 'Ser responsável, às vezes, significa 'ferrar' algumas pessoas'."

Colin Powell[13]

Capítulo 2

Poder Carismático

*"Queremos comandar pela nossa presença,
e não pela demanda de nossa autoridade."*[14]

O seu objetivo é o de aumentar a influência junto às pessoas para torná-las receptivas aos seus pontos de vista. Para a maioria de nós, atrair "gatos" é um desafio mais intimidador do que afagar "cães". Este capítulo foi concebido para ajudá-lo a deixar os "gatos" intrigados.

Os "gatos" são atraídos pelo carisma pessoal das outras pessoas. Eles também desejam descobrir como os demais moldaram seu carisma pessoal. Não se iluda com a brevidade deste capítulo. Ele o equipará com as ferramentas carismáticas de liderança.

Qualquer indivíduo competente consegue liderar "cães", pois eles são cooperativos por natureza. Devemos ter gestores que possam exibir liderança com "gatos". Embora seja possível liderar cachorros, os gatos não serão liderados. É preciso criar uma atmosfera para a qual um gato seja atraído num modo de participação total. Um gestor efetivo orienta um cachorro e atrai um gato. O segredo é conseguir que o gato queira participar.

> *O líder carismático fomenta um seguimento dos cachorros e uma participação dos gatos.*

O gato é atraído por situações e pessoas de alta qualidade. Partindo de um ponto de vista não-verbal, há oito ingredientes para que se tenha uma liderança carismática.

1. Tanto os Gatos Como os Cães Necessitam de Pausas

As pausas são os componentes individuais não-verbais mais importantes de uma comunicação. Um dos subprodutos positivo da pausa é que você e seu(s) interlocutor(es) reduzem seu metabolismo.

Quando você faz uma pausa na fala e no movimento, todos o percebem como inteligente. Isso mantém ou aumenta a atenção do ouvinte. Quando você faz uma pausa, demonstra para os demais que é confiante e competente. Como resultado, as pessoas o rotulam como um líder carismático.

> *De forma alguma os cachorros são menos inteligentes do que os gatos, tampouco os gatos são mais estressados que os cachorros, e, no entanto, essa é a percepção geral das pessoas sobre eles.*

Nossa habilidade de atuar com êxito entre todos os membros nos torna inestimáveis na dinâmica do grupo. Quer você seja visto como um "gato confiável" ou um "cão acessível", seu valor no grupo será maior se você aprender a fazer pausas.

Ao agir dessa maneira, o "gato" parecerá mais relaxado e confortável; este é um ingrediente necessário para um "gato", porque eles geralmente parecem aos outros como exageradamente intensos ou agressivos. Se os "cães" fizerem o mesmo, eles parecerão ser mais inteligentes; este é um ingrediente necessário para que o "cão" seja mais valorizado.

2. Gesto de Mão Congelado

Se você geralmente não faz pausas é porque está preocupado que, ao fazê-las, isso resultará numa perda da atenção do ouvinte. De modo geral, a pessoa que está com a palavra, preocupada com a interrupção do ouvinte, irá, inadvertidamente, piorar a situação expressando-se com muitos movimentos com as mãos. Isso resulta na incapacidade do ouvinte de criar um retrato do que o primeiro está dizendo. No entanto, quando você faz uma pausa e congela os gestos (ou seja, mantém as mãos paradas), o ouvinte fica "mesmerizado" durante o período de silêncio. Você deve gesticular enquanto estiver falando, mas mantenha as mãos congeladas durante a pausa.

3. Altas Expectativas[15]

Quando você não estiver falando, o que deveria fazer com as mãos? Quando as mãos estiverem apoiadas nos quadris e os cotovelos projetados para fora, ou as mãos cruzadas no peito, as outras pessoas perceberão o indivíduo como agindo segundo uma postura autoritária: um "gato" irado. Similarmente, quando a pessoa tem as mãos para trás ou na frente, num modo de uma folha de figo, ela expressa não-verbalmente que está de alguma forma suplicando "Espero que você goste de mim e que nos demos bem" – típico de um "cão" desesperado.

Em contrapartida, você aumentará seu poder de liderança quando posicionar os dois antebraços do lado de seu corpo ou paralelos ao solo, ou uma combinação de um antebraço do lado de seu corpo e o outro paralelo ao solo. Essa postura comunica, "Eu sou autoconfiante e capaz", que é o objetivo principal de qualquer pessoa no comando. O posicionamento das mãos é referido como sendo de "altas expectativas" por causa dos resultados obtidos.

4. Respire pelo Nariz

Você será percebido como ainda mais inteligente quando seus lábios estiverem fechados durante a pausa. Idealmente, a pessoa que está com a palavra segura sua respiração durante o estágio inicial da pausa. Você deseja inalar pelo nariz, ao passo que sua cabeça e mãos permanecem imóveis. Quando uma pessoa se move na inalação, as mãos e a cabeça movem-se de volta para aumentar a capacidade pulmonar. Essa postura é de modo geral interpretada como um convite para que o ouvinte fale.

A maioria das palavras inglesas termina com uma consoante. As consoantes são pronunciadas com o fechamento da boca. Outras línguas geralmente têm palavras que terminam com uma vogal, o que resulta no término da frase/sentença com a boca aberta. Nas culturas da Europa Ocidental, uma boca fechada é considerada mais inteligente do que uma boca aberta. Imagine as pessoas dormindo em um avião – uma está com a boca aberta e a outra com ela fechada. Qual delas lhe passa a impressão de ser mais inteligente?

5. Conectar ou Não?[16]

Outro componente não-verbal essencial para uma pessoa ser carismática é saber quando conectar ou quando separar informações. Você decide se vai conectar ou não o conteúdo seguinte à pausa com o conteúdo precedente à mesma. Se você deseja conectar as duas partes do conteúdo, então, no final da pausa, procure *falar* e *mover*-se ao mesmo tempo. Essa técnica é referida como *Faça uma Pausa, Respire e Conecte*. Se, de fato, as duas partes do conteúdo guardam relações, então a sua conexão será útil. Isso porque o ouvinte tem uma capacidade limitada de cogitar novas idéias. Ao empregar o processo acima, o ouvinte tem apenas um *bit* de informação para entender, e não dois. Os ouvintes prestam mais atenção e lembram-se por mais tempo do que aprenderam.

Se você deseja desconectar os dois blocos de informações, então, no final da pausa, *mova-se e, em seguida, fale*. O termo para esta manobra é *Quebre e Respire*. Isso é especialmente útil quando você tiver mencionado conteúdo negativo antes da pausa, e não quiser que a negatividade contamine o que dirá depois da pausa. Essa técnica o capacitará a "não ser atingido" na condição de mensageiro.

Tem sido sugerido[17] que o cérebro possa trabalhar entre cinco e nove *bits* de informações novas. Cada vez que um apresentador inadvertidamente separa blocos de informações graças à manobra "mova-se e em seguida fale", a platéia rapidamente carrega seus cinco a nove espaços para informação. No entanto, se o apresentador "conecta" (isto é, faz uma pausa, respira e participa) os blocos de informações, a platéia armazena diversos *bits* de informações em um de seus cinco ou nove espaços. Por exemplo, se um apresentador abre um programa com as sentenças a seguir:

"Obrigado pela presença de vocês." (Pausa)

"Nosso propósito é dar uma visão do próximo trimestre." (Pausa)

"Examinaremos três projeções. (Pausa)

    A. Marketing. (Pausa)

    B. Vendas. (Pausa)

    C. Fluxo de caixa." (Pausa)

Se após cada *bit* de informação o apresentador se mover e em seguida falar (ou seja, "modo de separação"), os ouvintes esgotam seus limites cognitivos. Isso não é recomendado. Todavia, ao conectar (ou seja, falando e movendo-se), os ouvintes armazenam todos os *bits* no mesmo espaço. Recomenda-se esta última solução.

6. Padrões de Voz e Respiração[18]

Os ouvintes se sentem seguros quando você aparenta confiança e que está no controle. Esse é o resultado de você respirar profundamente. Há dois padrões de voz e dois de respiração. A combinação entre esses padrões é que proporciona a segurança buscada pelos ouvintes. O tom de voz *acessível* se dá quando você mexe a cabeça enquanto fala, resultando em uma voz rítmica.

O tom de voz *acessível* termina com uma entonação que sobe no final. Os ouvintes interpretam que você está visando obter informações/*Input*. O tom de voz *confiável* é emitido quando você mantém sua cabeça parada, de modo que o tom de voz fique constante e a entonação desça no final. A impressão é que você está enviando informações.

Se você respira alto/superficialmente ao empregar qualquer tom de voz, os ouvintes não estão seguros, pois o tom de voz acessível é percebido como suplicante e o tom de voz confiável como furioso. Quando você respira baixo/abdominalmente, os ouvintes percebem o tom de voz acessível como aberto ao diálogo e o tom de voz confiável como sendo definitivo.

7. Recuperação

Como não vivemos em um mundo perfeito, a vida é uma série de ajustes. Na realidade, o paradigma corporativo do passado era "PLANEJAR MUITO (ou seja, pesquisar uma demanda, desenvolver um produto/serviço, investigar por meio de grupos focais), e só então finalmente EXECUTAR (lançar as mercadorias no mercado)". Esse paradigma resultava em precauções e conservadorismo. O objetivo era ser perfeito na primeira vez. As empresas procuravam pessoas confiáveis, previsíveis e responsáveis.

Roger Fisher, famoso especialista de Harvard, em conjunto com Alan Sharp[19], sugere ousadamente que, na época atual, a estratégia exatamente oposta é mais efetiva: PLANEJE UM POUCO, EXECUTE e DEPOIS REEXAMINE. Literalmente falando, uma empresa deseja cometer pequenos erros antes de seus concorrentes. Isso leva a contratar pessoas inovadoras, que gostam de riscos e são capazes de desempenhar sem se ater aos padrões vigentes. A vida moderna bem-sucedida pode ser resumida em:

> *A recuperação é mais importante do que a perfeição.*

Esse ditado só é verdadeiro se você pratica a *recuperação* com mais freqüência do que a *perfeição*. Como esse conceito de recuperação se vincula com "cães" e "gatos"?

> *Parte da recuperação é acessar o "gato" existente em você.*

O gato continuará como se nada tivesse ocorrido, ao passo que, quando o cachorro comete um erro, ele fica constrangido e tem de se desculpar. Gregory Bateson, antropólogo, apresenta uma visão diferente sobre os erros.[20] Quando uma pessoa está aprendendo um novo comportamento, ela geralmente não tem segurança de que esse comportamento irá gerar o efeito desejado. Se a preocupação de que se está cometendo um erro é evidente para a outra parte, esta poderá muito bem responder à incongruência da pessoa e não ao novo comportamento. Para testar efetivamente um novo comportamento, a pessoa tem que ser a mais congruente possível; ou seja, ter os componentes não-verbais e verbais alinhados. Empregando as idéias de Bateson, o "gato" é muito mais capaz do que o "cachorro" de testar novos comportamentos.

> *"Eu jamais cometi um erro. Apenas aprendi de minha experiência."*
> *Thomas Edison*

8. Congruência

O mundo ocidental prioriza o contato olho-no-olho. Acredita-se que quando estão sendo comunicadas más notícias, o contato visual indica *honestidade*. Vamos examinar se essa crença é confirmada na realidade. O mensageiro da má notícia pode, sinceramente, pensar que ela é autêntica/justificada/apropriada.

No entanto, ele também pode ter a sensação de que as circunstâncias tinham de ser como efetivamente são. Isso seria particularmente verdadeiro se o portador da notícia negativa não ficasse confortável com o conflito. Quando o mensageiro comunica a má notícia fazendo contato ocular, o receptor vê ambas as emoções na face do primeiro: sim, a notícia é apropriada, mas, no entanto, "me sinto mal em transmiti-la".

Se a notícia é volátil e o receptor é resistente, a reação emocional dele limitará a capacidade de resolver claramente a ambivalência do mensageiro. As próprias emoções do mensageiro também podem acentuar as emoções do receptor.

Quando as pessoas são entrevistadas, elas conscientemente valorizam o contato ocular. Todavia, na realidade, a maior parte das pessoas não sabe se o mensageiro transmitiu a notícia com ou sem contato ocular

De fato, o receptor se beneficia quando o mensageiro transmite a notícia a um terceiro ponto. Quando isso acontece, o receptor não é sobrecarregado pelas emoções do mensageiro e pode focar em suas próprias reações.

E o que diremos das oportunidades em que alguém exige o contato visual? Sim, alguns "gatos" pressionam por contatos do tipo olho-no-olho. O que se requer é a "congruência". Congruência é a habilidade de comunicação sem a ambivalência mencionada previamente. Ela tem os seguintes ingredientes:

- Contato ocular.
- Sem piscar. Mantenha os olhos abertos.

- Frases ou sentenças curtas.
- Pausas com maior freqüência e duração que o normal.
- Congelar o gesto durante as pausas (a mão apenas se move quando a pessoa que está com a palavra fala novamente).
- Respiração abdominal durante as pausas.
- Corpo parado, especialmente a cabeça; há gesticulação manual durante a fala.
- Voz sussurrante.

Uma fonte ótima para a congruência é dada pelos filmes. Assista a mesma cena por diversas vezes. Utilize uma segunda sessão de observações e note o espaço de tempo entre as piscadelas.

A duração é desumana. Os atores têm de memorizar suas falas para poderem focar no modo de apresentá-las. Este princípio de "conhecer o conteúdo para enfatizarmos o processo" também é válido para o nosso caso. Para ser congruente, devemos ter o nosso palavreado memorizado.

A respeito do axioma "A recuperação é mais importante do que a perfeição", Dale Carnegie disse: "A pessoa bem-sucedida ganhará com base em seus erros e tentará mais uma vez, mas de maneira diferente".

Capítulo 3

Estabelecendo Vínculos – e Interpretação de uma Pessoa

"A tecnologia avançada não é distinguível da mágica."
Arthur C. Clark[21]

Introdução

Na qualidade de líderes carismáticos, todos nós sabemos que manter relacionamentos de trabalho positivos é o segredo para se ter produtividade e um bom estado de ânimo.

Estabelecendo Relacionamentos com um "Cão"

Todas as pessoas sabem como desenvolver um relacionamento com um "cachorro" – basta dar atenção a ele. Simule que a letra *"d"* ["c"] em *dog* [cão] signifique *direto*. Um gestor, ao querer estabelecer um relacionamento com um cão, procura aproximar-se dele diretamente e passar algum tempo com o mesmo. Isso inclui:

- Estar na frente da pessoa.
- Se inclinar na direção da pessoa.
- Manter contato visual empático, afável.
- Ouvir emitindo sons encorajadores.
- Chamar a pessoa pelo nome e fazer perguntas.
- Balançar a cabeça positivamente.

Certamente que, ao tomar essas atitudes, a pessoa deve ser autêntica e demonstrar que efetivamente se importa. O entrosamento e a confiança que nascem de uma aproximação direta com "cães" podem ser imediatos e de longa duração.

> *Estabelecemos relacionamentos com um "cão" satisfazendo-o. Ele fica feliz porque nós o lideramos.*

Estabelecendo Relacionamentos com um "Gato"

Comparativamente falando, é mais fácil estabelecer relacionamentos com "cães" do que com "gatos". Às vezes a pessoa difícil com quem trabalhamos é a chave de nosso sucesso. Tradicionalmente, quando um gestor encontra pessoas difíceis de se lidar, com as quais não tem um relacionamento de trabalho, ele recorre à gestão baseada no poder. A "influência do poder" é muito limitada, visto que a resistência passiva é mais poderosa do que a autoridade ativa. Para evitarmos a resistência passiva, queremos atuar segundo o "poder da influência". Estabelecemos um relacionamento com os "gatos" de maneira indireta.

Conseguimos comandar um "gato" atraindo-o para que forme um vínculo conosco por meio de provocações. Este capítulo sugere que dar à pessoa "dotada de características felinas" informações sobre ela que a faça pensar como as conseguimos é um modo sofisticado de efetivarmos esse vínculo. O processo de como obter essas informações ao interpretar um "gato" é explicado neste capítulo.

Qualquer pessoa que tenha participado de um seminário em que Michael Grinder, o autor, *interpreta* estranhos fica espantado. Esta é a primeira vez na mídia escrita que ele explica sua metodologia para detectar o estilo de pensamento de uma pessoa e os tipos de pessoas com as quais ela se dará bem. Especialmente impressionante é a revelação respeitosa dos valores mais profundos das pessoas.

Ainda neste capítulo, apresenta-se o conceito de calibração – a habilidade de *perceber* se a outra pessoa está mudando do "cão" para o "gato", ou vice-versa, que existe nela. Além disso, também é apresentada a estratégia da Neurolingüística – a técnica para se obter as informações necessárias de modo respeitoso.

A Janela de Johari Modificada

O modo mais simples para explicar como "ler" uma pessoa é examinando um modelo criado por dois psicólogos[22]. Joseph Luft e Harry Ingham combinaram seus nomes para formar o que é conhecido como a Janela de Johari aplicada a pessoas. Esta é uma Janela de Johari modificada:

	A Pessoa Dotada de Características Felinas	
Eu Mesmo	O que ambos sabemos sobre a pessoa dotada de características felinas	O que eu sei sobre o "gato" que ele conscientemente não sabe sobre si próprio
	O que o "gato" sabe sobre si próprio que eu não sei	O que nenhum de nós sabe sobre o "gato"

Ao provocar um "gato", surgem duas perguntas: que categoria de informações impressiona o "gato" e como eu procedo para obtê-las?

Provoque a pessoa "dotada de características felinas" compartilhando informações que ela sabe sobre si própria, mas que se pergunta como conseguimos descobrir. O "gato" fica intrigado. Essa pessoa fica ainda mais surpresa quando *provocamos* com informações que jamais ela pensara, mas que ao ouvi-las, intuitivamente reconhece que fazem sentido.

> *Estabelecemos relações de trabalho com os "cães" satisfazendo-os, e com os "gatos", provocando-os.*

Quando revelo dados físicos externos que eu observara, tais como altura e peso, isso não surpreende muito a menos que tenhamos um mascate de uma feira municipal tentando adivinhar o peso de um cliente. Os "gatos" ficam intrigados com as outras pessoas que conhecem as suas personalidades: seus estilos de pensamento, quais são suas tendências, como eles se adaptam em dinâmicas de grupo, o que os motiva e suas tendências estressantes. Um fator ainda mais tocante para um "gato" é lhe dar um *feedback* preciso sobre seus valores e crenças.

Diagrama de Correlações Entre "Cães e Gatos"

É importante que o profissional que *interpreta pessoas* tenha experiência suficiente para apreciar quando um indicador de traço de personalidade é, e quando ele pode não ser, acurado. O melhor método de se aumentar a exatidão da interpretação de um "gato" é procurar correlações – quantos outros indicadores reforçam a *interpretação*? Senão, ficaremos restritos à tentativa de interpretar uma pessoa com base em um único traço/indicador. Até Freud precaveu seus alunos quando ele dizia: "Às vezes, um charuto é apenas um charuto".

Cada categoria individual a seguir é explicada e ampliada no Capítulo 4 "Explicações e Ilustrações". A referência às páginas é encontrada depois ou abaixo do título da categoria.

Diagrama de Correlações entre "Cães e Gatos"

Categoria	"Gato"	"Cão"
Confiança/competência (pág. 68)	mais confiante do que garante sua competência	mais competente do que confiante
Modo de agir (pág. 71)	atua de sua posição como o piloto	atua de sua pessoa como o comissário de bordo
Tom de voz (pág. 73)	confiável	acessível
Ciente dos outros animais (pág. 74)	pouco ciente dos cachorros	muito mais ciente dos gatos
Poder (pág. 77)	confortável com ele	tímido diante dele
Busca	promoção/desafio	comodidade
Conflito (pág. 79)	não recua no geral, não são cientes de tê-lo provocado	assustado e confuso na sua presença ofendido se tiverem de apontar algo
Características inatas (pág. 80)	ambicioso procuram ser eles mesmos	vulnerável muito preocupados com os outros
Característica média (pág. 81)	deseja ser respeitado	deseja que gostem dele
Característica extrema (pág. 83)	arrogante/rigoroso	afligido por culpa/bajulador
Quando estressado	visto como raivoso	visto como suplicante/vítima
Quando tranqüilo	visto como decisivo	visto como curioso
Pessoas	força-as a prestarem contas	aceita-as facilmente
Ênfase (pág. 85)	questões	ânimo elevado/relacionamentos
Estilo de gestão (pág. 86)	interpõe-se no início	interpõe-se muito depois
Gestos (pág. 91)	abaixa as palmas das mãos	levanta as palmas das mãos
Nível de influência	de maior influência	de menor influência
Auto-imagem (pág. 95)	prioriza a auto-seleção; partindo de uma perspectiva interna	dependente de como é a visão dos outros
Perfeição	motivado pelo progresso	adora fazer a mesma atividade que satisfaça aos outros
Como pais (pág. 99)	garante para seus filhos que eles são alguém	estimula seus filhos para que eles possam ser alguém
Propósito na vida (pág. 100)	procura meter-se na vida dos outros e tenta reparar	procura ser feliz
Novidades	opta-se por algo, fica bastante entusiasmado	quer ter bons desempenhos
Intriga vs. Clareza (pág. 103)	adora intrigas	adora clareza
Desculpa (pág. 105)	sobre o que você está falando!	iniciará ainda que não seja seu erro
Níveis de aprendizado (pág. 106)	atraído e inspirado por aptidões complexas	refina antigas habilidades e domina novas
Processo de tomada de decisões (pág. 109)	adora decidir	prefeririria apenas coletar informações

Benefícios Extras

O principal objetivo do Diagrama de Correlações entre "Cães e Gatos" é dotar o profissional com habilidade para *interpretar* uma pessoa com traços felinos. O propósito dessa interpretação é *provocar* os "gatos" para que eles procurem ter relacionamentos conosco. Ao modificarmos a Janela de Johari com base em uma descrição do conhecimento entre *eu mesmo e um "gato"* e *eu mesmo e uma outra pessoa*, ganhamos alguns benefícios extras[23].

	A Outra Pessoa	
Eu Mesmo	O que ambos sabemos sobre a outra pessoa	O que eu sei sobre a outra pessoa que ela conscientemente não sabe sobre si própria
	O que a outra pessoa sabe sobre si própria que eu não sei	O que nenhum de nós sabe sobre a outra pessoa

Como a pessoa "com tendências de cachorro" encontra conforto na clareza, é grosseiro provocar um "cão". Ela deseja segurança. Portanto, dialogue com a mesma sobre coisas simples (isto é, o quadrante superior esquerdo): "Agora você mora em São Diego...".

Com o tempo, sua permissão lhe possibilitará progredir para o quadrante inferior esquerdo: "Do que você particularmente gosta?...". Os quadrantes da esquerda são uma mina de ouro para um "cão". Ele sente um certo grau de proximidade por causa da atenção recebida.

Similarmente, assim que estabelecermos um relacionamento com uma pessoa "com tendências de gato" fazendo provocações por meio do quadrante superior direito, podemos adentrar no quadrante inferior direito via perguntas de final aberto. Este quadrante é o equivalente na fase adulta a crianças montadas nas suas costas em um gramado no mês de julho, olhando os movimentos das nuvens e compartilhando as imagens passageiras que, efemeramente, vão surgindo.

Abaixo, os relacionamentos com "cães" e "gatos" são desenvolvidos partindo-se dos quadros superiores e progredindo pela linha descendente (para o sul).

	CÃO	GATO
Eu Mesmo	O que ambos sabemos sobre a pessoa com características caninas	O que eu sei sobre o "gato" que ele conscientemente não sabe sobre si próprio
	O que o "cão" sabe sobre si próprio que eu não sei	O que nenhum de nós sabe sobre o "gato"

Estratégia Para Interpretar Uma Pessoa

Quanto mais uma pessoa tem traços de uma coluna do Diagrama de Correlações entre "Cães e Gatos", maior a probabilidade de se aplicarem as outras correlações. Fundamentalmente, um observador pode empregar a Janela de Johari da seguinte maneira. Uma pessoa exibe, em quatro categorias, traços unicamente extraídos da coluna relativa aos "gatos" do diagrama. Como esses traços são de domínio público, a pessoa "dotada de características felinas" não pode ficar surpreendida com nossas contribuições – elas não seriam provocadas o bastante. Todavia, como os quatro traços são provenientes da coluna relativa aos "gatos", as correlações são altas e, portanto, podemos estimar conjecturalmente que as outras categorias também serão verdadeiras. Estas podem ser referidas como os itens extrapolados. Como esses traços não são de domínio público, a pessoa "dotada de características felinas" pode ficar surpreendida pela nossa contribuição. Ela, em particular, recebendo essas informações, fica imaginando quais outros pontos de vista poderíamos dar.

A Pessoa Dotada de Características Felinas

	Itens conhecidos	Itens extrapolados
Eu Mesmo		

As pessoas são fascinadas por si próprias, especialmente aquelas "com traços felinos", pois elas querem ser singulares e, no entanto, *conhecidas* por nós – o que é um mistério intrigante para elas.

> *Interpretamos uma pessoa "gato" correlacionando alguns traços felinos e depois mencionando aqueles outros traços felinos que não são óbvios.*

Em certas oportunidades, um indivíduo é interpretado como um "gato" e, no entanto, ao compartilharmos os "dados interpretados" (ou seja, os "itens extrapolados"), há uma discordância entre ele e um determinado item. Quando isso ocorre, retorne mentalmente às precauções listadas na Introdução.

Confira para ver se estamos com uma capacidade demasiada de ordenamento. Talvez o indivíduo tenha características típicas dos dois animais (gato e cachorro). Estamos sendo absolutos em demasia? Busque em que contexto a "leitura" foi acurada e em que contexto ela não foi. Podem ser encontrados exemplos em:

- a vida pessoal *versus* a vida profissional do indivíduo;
- com pessoas conhecidas do indivíduo comparado as informações com as de pessoas que ele não conhece;
- quando o indivíduo estiver agindo com base em sua *posição versus* sua *personalidade*;
- quando o indivíduo tem *autoridade* e *tempo versus* quando ele não tem.
- quando há uma situação de *coleta* versus *decisões* com as informações.

Seja um bom pesquisador e se conceda permissão para fazer perguntas. O aprendizado envolve ser um bom exercício consigo mesmo. Conforme mencionado anteriormente, Wayne Gretsky, o maior jogador de hóquei sobre patins de todos os tempos, parafraseou assumir riscos dessa maneira: "só quem arrisca um tiro é que erra".

A cada verão no evento anual de nome "Final de Semana dos Dias da Colheita" em nossa pequena cidade natal, minha filha adulta e eu participávamos como voluntários no estande do Banco de Alimentação[24]. Nós montávamos uma mesa com uma bola de cristal e usávamos chapéus dos mestres religiosos hindus. Depois praticávamos *leitura* de pessoas. Toda a comunidade sabia que isso era um logro, mas, no entanto, os participantes continuavam a trazer seus amigos ao estande em razão da precisão das *leituras*. Sempre que Krista e eu não estávamos praticando, perguntávamo-nos como poderíamos ser ainda mais precisos. Naturalmente, as pessoas "gatos" ficam mais do que felizes em corrigir-nos – é um grande aprendizado.

A maioria dos leitores considerará os descritores dos "cães" mais favoráveis do que os dos "gatos". Na opinião do autor, essa é uma hipótese acertada, visto que a maior parte das pessoas tende a ter mais traços caninos do que felinos. Quando testamos no campo esse manuscrito muitos leitores desconheciam que pessoas gostariam *realmente de ser gatos*. No entanto, a reação de um amigo "com traços de gato" foi: "Bem, qual é a sua argumentação?". Para ele, as diferenças nas descrições eram óbvias e, certamente, não considerava as descrições relativas a gatos problemáticas ou "*de-dog-atory*" [*derogatory* – depreciativas].

O Diagrama de Correlações entre "Cães e Gatos" lista os traços por categorias. Esses tratos são tendências. A recomendação é que executemos uma auto-avaliação em termos de ativo e passivo. Na realidade, temos certas tendências dos dois animais; às vezes, elas são ativos, outras passivos. A estratégia efetiva é descobrir que contextos, circunstâncias e situações me habilitam a somente ser eu mesmo e quais são as condições que suportam minha mudança interior pela assimilação de novos comportamentos.

Eu influencio outras pessoas quer sendo eu mesmo ou pela minha mudança.

Calibração

Pode ser corretamente discutido que todo este trabalho é sobre interpretar um ser humano ao longo da série continua envolvendo gatos e cães. O paradigma de cão e gato é concebido para ajudar as pessoas a verem a relatividade entre gatos e cães na interação de dois seres humanos. O conceito de relatividade é fundamental porque um ser humano "com mais características de cão" na interação com o ser humano A poderia ser o "dotado de mais características de gato" na interação com o ser humano B.

Um ser humano mudará de sua *pessoa* à sua *posição* e de sua *posição* à sua *pessoa* durante a mesma conversa. As questões que surgem são: "Quais são os indicadores de que está ocorrendo essa mudança?" e "Quais são as respostas apropriadas?". "Como um gestor saberia se o superior com o qual está comunicando-se está atuando com base em sua pessoa ou posição?".

Em geral, quanto mais uma superior está empregando um tom de voz amistoso[25], mais ela está atuando com base em sua *pessoa*. Quanto mais seu padrão de voz for similar ao empregado nos negócios[26], mais ela está atuando a partir de sua *posição*. A aptidão do gerente em interpretar com exatidão está baseada em sua habilidade de reconhecer qual é o tom normal de voz do superior. Assim que o tom normal de voz do superior for reconhecido, então um aumento nas características de acessibilidade indicará que sua *pessoa* está vindo à tona. Quando aparecem características do tom de voz confiável, então o superior está mudando para ter uma atitude preferencialmente decorrente de sua *posição*.

Estatisticamente, quanto mais inferior a unidade de negócios da organização administrada pelo superior, mais acessível é seu tom normal de voz. Na ponta mais alta da organização, o tom normal de voz do superior é mais confiável. Superiores do sexo feminino, devido as expectativas culturais e razões anatômicas, tendem a ter um padrão de voz acessível; superiores do sexo masculino têm uma propensão a falarem com uma voz gutural de credibilidade. O sexo do superior deve ser levado em consideração quando se calibram seus comportamentos normais.

Além dos padrões de voz indicando se o superior está atuando com base em sua *pessoa* ou *posição*, há indicadores de linguagem corporal. Os equivalentes cinestésicos dos padrões de voz são:

Linguagem Corporal	Credibilidade	Acessibilidade
Corpo	Sentado muito ereto	Inclinado para a frente
Cabeça	Acima dos ombros	Avançada e inclinada
Escuta	Cabeça parada; Silêncio	Movimentos da cabeça; Emitindo sons
Pulso	Reto	Dobrado
Peso	Distribuído igualmente	Corpo inclinado; mais peso Sobre uma perna

Em essência, se o corpo está ereto, então é exibida credibilidade; se curvado, inclinado ou tendendo para um lado, então é mostrada acessibilidade. A razão pela qual a credibilidade é associada a superioridade, atuando com base em sua posição é porque as características de credibilidade podem transmitir, não-verbalmente, que as informações estão sendo enviadas em uma via, fechada para negociação.

Por outro lado, a acessibilidade equivale a superioridade transmitindo não-verbalmente a mensagem: "Estou querendo a sua contribuição", que é uma abordagem de diálogo de duas vias.

Respondendo com Flexibilidade

O padrão é que unidades de negócios de níveis inferiores e superiores do sexo feminino tem um tom de voz acessível como norma. Há também o padrão que unidades de negócios dos níveis superiores e superiores do sexo masculino têm um tom de voz confiável.

Existem exceções a esses padrões, com as diferenças entre os dois grupos não nítidas. Baseando-se nesses modelos em suas exceções, recomenda-se que o gerente esteja ciente da seguinte dinâmica:

- Unidades de negócios de níveis inferiores e superiores do sexo feminino estão convidando o subordinado a atuar num nível igualitário de relacionamento. Essa superior espera que o subordinado empregue um tom de voz acessível.

- Unidades de negócios de níveis superiores e superiores do sexo masculino estão fomentando para que o subordinado atue no nível de comunicação envolvendo debates e, portanto, dão mais crédito ao que um subordinado diz quando este usa um tom de voz confiável.

- Quando a superior aumenta a acessibilidade do tom de voz e o subordinado não a acompanha nesse mesmo padrão de voz, a primeira fica *pessoalmente* magoada.

- Quando a superior aumenta a confiabilidade do seu tom de voz indicando seu poder posicional, ela esperará que o subordinado atue com o padrão de voz acessível, visto que ela interpreta esses comportamentos como submissos. Quando o subordinado não atende a essa condição, a superior percebe que sua posição não está sendo respeitada.

Comunicação de Dois Pontos *versus* de Três Pontos

Embora o mencionado acima corresponda ao que é esperado pela superior, este trabalho recomenda que o subordinado utilize uma abordagem mais flexível, que irá satisfazer todas as situações anteriores. Quando o subordinado estiver olhando para a superior, essa condição é referida como uma comunicação de dois pontos, pois há o envolvimento de duas partes. Ao fazer contato visual, ou comunicação de dois pontos, é recomendado que o subordinado seja mais acessível.

Quando o subordinado estiver olhando para uma folha de papel, a comunicação é conhecida como sendo de três pontos, pois há três entidades: dois seres humanos e o pedaço de papel. Quando o conteúdo é volátil, o comunicador quer exibir as informações de maneira visual – terceiro ponto. Quando tanto o subordinado como a superior estiverem olhando para uma folha de papel, o primeiro tem a opção de ser confiável.

Michael Grinder

Neurolingüística – Um Menu de Opções

Calibração, a seção anterior, era uma metodologia de duas pessoas, com diferentes *status* comunicando-se. Todavia, sua habilidade de tomar decisões efetivas é baseada na qualidade das informações coletadas. Quando você não tem permissão para buscar abertamente informações que possam ser utilizadas, tem-se uma estratégia de apoio denominada Neurolingüística. Em lugar de fazer perguntas, você emite diversas declarações, cada uma particularmente com diferentes possibilidades. Essencialmente, você está oferecendo um menu de opções. À medida que as declarações são feitas, você observa a reação do superior. A estratégia recebe esse nome porque você está utilizando língua e palavras (lingüística), além de observar a resposta "neurológica" da outra pessoa.

A Neurolingüística pode ser aplicada por diversas razões. Às vezes, o "gato" é um superior e ele não pode compartilhar informações das quais lhe cabe estar inteirado e as quais, no entanto, você necessita conhecer, para poder ser um negociador efetivo. Se você pergunta diretamente e o superior diz "Sinto muito, mas não posso revelar isso a você", cria-se uma lacuna entre você e o "gato". Ao ler sua linguagem corporal, você obtém as informações sem que o superior viole esses pactos.

Exemplos de Neurolingüística incluem algumas evidências de reações, como é o caso de uma mudança na expressão facial (indicadores visuais), tom de voz (indicadores auditivos), postura (indicadores cinestésicos) e respiração. Se o "gato" se enrijece, denota uma reação negativa, e se ele relaxa, uma reação positiva. Essencialmente, ele não tem de dizer nada, uma vez que seus elementos não-verbais já estão falando por si mesmos. Por causa da natureza sofisticada de se calibrar a aparência normal do "gato" e a aparência de quando ele tem uma resposta não verbal, silenciosa ao que você está dizendo, é recomendável que você veja uma demonstração dessa técnica e a pratique sob a supervisão de um instrutor/mentor. Para obter mais informações de treinamento, visite o site www.michaelgrinder.com ou www.pnl.med.br

À medida que for mencionada cada possibilidade, há uma pausa (feita geralmente com a paralisação da gesticulação manual). A razão para a pausa é separar a resposta neurológica do "gato" frente a uma possibilidade da resposta do "gato" frente à próxima possibilidade. Se não houver pausas, o "gato" poderia ter uma resposta atrasada frente ao primeiro item e somente mostrar a reação enquanto você estivesse mencionando o segundo item. Você pensa erroneamente que a **reação** que está vendo enquanto diz o segundo item é referente ao que você está dizendo no momento, ao passo que ela está realmente associada ao item precedente.

Você utiliza a Neurolingüística para coletar informações em muitas situações diferentes – a lista delas é interminável. Alguns exemplos incluem:

• *Tempo:* "Há a possibilidade de que a reunião possa ser ainda hoje (pausa) **ou** daqui a alguns dias (pausa) **ou** na próxima vez que você tiver uma abertura em sua agenda".

• *Pressão de Poder:* "Você saberá melhor se essa decisão pode ser tomada inteiramente em nossa agência (pausa) **ou** se a agência distrital deve ser envolvida (pausa) **ou** se é apropriado recebermos algumas informações de nossa matriz".

• *Informações:* "Ao avançarmos, há a questão das informações. Nós efetivamente temos todas as informações necessárias (pausa) **ou** temos a maioria delas (pausa) **ou** ainda não dispomos de certas informações necessárias"?

• *Procedimentos:* "Nós poderíamos convocar uma reunião (pausa) **ou** enviar um memorando (pausa) **ou** contatar cada pessoa individualmente".

• *Valor/Necessidades:* "Há possibilidades de se questionar o motivo da reação do distribuidor na conferência da semana passada ser tão perturbadora; pode ser que tenhamo-nos sentido desconsiderados (pausa) **ou** traídos, pois fizemos tanto para a empresa distribuidora (pausa), **ou** porque não respeitaram nossos pontos de vista".

Assim que você tiver uma idéia das informações que procura, talvez você queira verificar suas impressões. Por exemplo:

• *Tempo:* Se o rosto da superior (indicador visual) se suaviza (reação positiva) quando você menciona "... uma abertura em sua agenda", então, como negociador, você poderia dizer, "Bem, porque não nos encontramos na próxima vez que você tiver uma janela de oportunidade?".

- *Valor/Necessidades:* Se a superior muda seu corpo (indicador cinestésico) para uma postura mais rígida (resposta negativa) quando você diz "... traídos... depois de tudo que fizemos...", é possível dizer "Embora possamos perceber que o distribuidor seja um ingrato, mesmo assim queremos...".

No primeiro exemplo, você está visando uma resposta positiva e dirige o curso da ação. No segundo, você está visando uma resposta negativa e deseja reconhecer a resposta emocional da superior, pois, uma vez que ela tenha sido reconhecida, suas necessidades são satisfeitas e, portanto, ela pode ser mais racional.

A Neurolingüística é um dos melhores meios de se "gerenciar ascendentemente"[27]. Ela é como se você, na condição de negociador, tivesse uma bola de cristal e pudesse ver internamente a pessoa de um "gato". Na realidade, você está buscando respeitosamente informações sem violar a posição do superior.

A qualidade das possibilidades (lingüística) que você lista determina a qualidade das respostas neurolingüísticas que você vê. Se você não observa qualquer mudança na resposta da outra pessoa, é seguro acrescentar um "nenhum[a] das acimas". Por exemplo:

- *Informações:* Após você dizer. "Ao avançarmos, há a questão das informações. Nós efetivamente temos todas as informações necessárias (pausa) **ou** temos a maioria delas (pausa) **ou** ainda não dispomos de certas informações necessárias?" Se não houver nenhuma mudança, talvez você queira adicionar "**Ou** talvez ainda não fizemos as perguntas corretas"?

- *Procedimentos:* Você poderia adicionar "Nós poderíamos convocar uma reunião (pausa) **ou** enviar um memorando (pausa) **ou** contatar cada pessoa individualmente". "**Ou** talvez uma combinação dessas propostas (pausa) **ou** talvez outra abordagem ainda não mencionada."

Michael Grinder

Capítulo 4

Contos do Canil

Uma boa história é lembrada duas vezes. A primeira quando é lida e, novamente, ao se refletir sobre ela.

Introdução

Este capítulo amplia o Diagrama de Correlações entre "Cães e Gatos" da pág. 55. Apresenta-se cada uma das categorias que separam as "pessoas-gato" das "pessoas-cão", com explicações e ilustrações expandidas. Este será o capítulo favorito dos leitores que costumam aprender por meio de histórias e exemplos. À medida que você é entretido, permita-se viajar desde a leitura da página até a reflexão sobre indivíduos que são representados pelas personagens constantes nas ilustrações. As pessoas que você associa tanto na arena profissional como na pessoal surgirão de maneira compreensível. Procure entender a si mesmo e os outros, sem emitir opiniões. Já foi dito que a pior situação a ser contornada é o de ser surpreendido. Essas explicações e ilustrações dar-lhe-ão idéias que irão reduzir, para não dizer eliminar, "surpresas".

A maioria das pessoas lembra-se melhor de um conceito quando ele está associado a uma história. No índice sob a designação de "Ilustrações", as histórias são listadas por títulos.

Cada característica de personalidade é explicada em detalhe juntamente com uma ilustração para ajudar na sua elucidação. Quando o nome da personagem na ilustração inicia com um "D", a pessoa é retratada como um *dog*, ou "cão". Similarmente, um nome que inicie com a letra "C" indica um *cat*, ou "gato".

Categoria	Gato	Cão
Confiança/competência	Mais confiante do que garante sua competência	Mais competente do que confiante

O "gato" é ambicioso e visa a ser promovido. Como o gato reside em escalões mais altos da escada corporativa do que o cachorro, normalmente ele costuma ser impopular. Para o cachorro, é fundamental que as pessoas "gostem" dele, mas o mesmo não vale para o gato. A substituição do Princípio de Peter[28] é:

> *Não seja promovido além do nível de suas qualidades felinas.*

Um gato presume que ele pode fazer tudo e, dessa maneira, pavoneia-se com um ar de completa e absoluta confiança. Um cão agindo dessa forma descumpre sua promessa tradicional de humildade. Os "cachorros" têm de receber conforto moral de que estão fazendo um serviço para a satisfação do chefe. Visto que os "gatos" inventaram a independência, eles agem como se não existissem chefes; portanto, a única pessoa que um "gato" tem de contentar é ele mesmo. Em resumo, um cachorro terá mais competência do que confiança para acreditar e agir com base em sua confiança. Um gato não saberá se tem mais confiança do que competência até ocupar uma posição em que se exige competência. Ele não fica incomodado por tal descoberta.

> *O gato atua segundo o axioma,*
> *"Por que não ir até a ponta do galho?*
> *Não é lá que encontramos os frutos?"* [29]

Ilustração: Competindo por Promoção

Tanto Darla como Carla são funcionárias da empresa há cinco anos. Elas têm formações acadêmicas similares e diplomas idênticos. Faz uma semana, Darla soube que, em breve, haveria a possibilidade de abertura de uma vaga. Fora do ambiente do trabalho, ela ponderou com amigos que acreditava que estaria apta a fazer esse serviço. Intelectualmente, ela sabia que era mais capaz, mas necessitava de uma confirmação emocional de outras pessoas. Ela ficou aguardando a chamada numa lista; estava preparada ou, ao menos, achava que estava.

Carla nem mesmo soube que haveria a possibilidade de abertura de uma vaga. Quando ambas entraram no refeitório, Darla estava um passo à frente de Carla. Postado no quadro de avisos, via-se um anúncio da posição para o qual as duas eram qualificadas. Os olhos de Darla brilharam enquanto ela examinava rapidamente a descrição para se certificar de que a função estava ao alcance de suas competências – e estava. Quando ela e Carla começaram a remover as tampas de seus "marmitex" para iniciarem a refeição, a primeira gritou para Carla: Você viu o anúncio da posição?

Carla respondeu: "Que anúncio?"

Darla apontou entusiasticamente para o quadro de avisos. Carla inclinou-se de maneira casual, e após mal ter lido a descrição, disse prosaicamente: "Ótimo!". Depois de um silêncio constrangedor de Darla, esta falou hesitantemente: "Então, você está interessada na posição?". Ela, sempre querendo agradar, não tinha considerado que poderia estar competindo contra alguém que conhecia, o que poderia criar uma situação desastrosa para si mesma.

A resposta de Carla surpreendeu-a ainda mais: "Oh, não, não estou interessada nessa posição, a não ser que ela me leve aonde eu eventualmente quero ir." Silenciosamente, Darla sentou-se chocada e desorientada pela mudança inesperada dos eventos.

Finalmente, na terça-feira, Darla se acalmara suficientemente para abordar com Carla porque tinha ficado tão fora de si por alguns dias. Ela despejou vulneravelmente para fora sua reação de competir com uma amiga. Darla agradeceu a Carla por ela estar mais lenta e mais gentil do que o normal. Carla revelou que ela se comportara sob uma diferente perspectiva que Darla. Na realidade, ela compartilhara a citação de Diane Sawyer:

"Torna-se mais fácil aceitar a concorrência se você percebe que ela não é um ato de agressão, tampouco de desgaste. Tenho trabalhado com meus amigos em uma concorrência direta. Independentemente do que você desejar na vida, outras pessoas também estarão desejando o mesmo. Acredite o bastante em si próprio para aceitar a idéia de que você tem um direito igual no que respeita a uma promoção".[30]

Categoria	Gato	Cão
Modo de agir	Atua de sua posição como o piloto	Atua de sua pessoa como o comissário de bordo

Um indivíduo tem uma parte de si mesmo que é sua "pessoa" e outra que é sua "posição". Há numerosos exemplos disso. Temos uma expressão nas Forças Armadas, "Permissão para falar francamente, senhor!", que indica que o subordinado está solicitando ao superior sua opinião (pessoal) subjetiva.

Num tribunal, o equivalente é "permissão para tratar com o corpo de jurados"? A procuradora do processo está solicitando uma oportunidade de se dirigir não de sua posição pública, mas para fazer esclarecimentos sob uma perspectiva mais pessoal. Certamente que o juiz também pode iniciar a confabulação ao demandar que os procuradores reportem diretamente para "o júri".

Essa é, de modo geral, uma forma mais longa e severa de se mudar de posturas, de posições públicas até uma conversa (ou repreensão) mais informal nos bastidores. É de reconhecimento geral que os procuradores pertencem a uma classe especial de pessoas.

Trata-se de um fato comum um juiz colocar rispidamente um advogado no seu devido lugar. Se este estiver atuando com base em sua *pessoa*, ele poderá ficar devastado. No entanto, se estiver atuando lastreado como procurador, então é a sua posição que foi humilhada.

Colin Powell recomenda "Evite ter seu ego muito próximo de sua posição, para que, se esta cair, o ego não a acompanhe na sua queda"[31].

Ilustração: O Vôo de Retorno a Casa

Naquele fim de semana, Darla tomou um avião para a viagem que fazia de dois em dois anos à casa de sua mãe. Enquanto o aparelho arrancava pela pista de decolagem, ela ainda estava preocupada com sua própria relutância em se candidatar à posição. Então, repentinamente, como se tivesse despertado de um sonho, ela se tornou perspicazmente ciente de algo que tinha escutado dezena de vezes, mas que nunca prestara atenção – os tons de voz do piloto comparativamente com os do comissário de bordo. Primeiro, o capitão manifestou-se indicando a altitude e o percurso do vôo. Sua voz era medida, gutural, dotada de uma entonação que decrescia e se acentuava, com freqüentes pausas. Ela concluíra que esse tipo de voz comunicava confiança. Em seguida, o comissário de bordo anunciou que seria oferecido o serviço de bordo. Sua voz era rítmica, com menos pausas do que as do piloto; sua entonação terminava num crescendo. Darla reconhecera que os elementos não-verbais do tom de voz transmitiam afabilidade e companheirismo. Inicialmente, ela ficara confusa por essa nova consciência. Ela, gradualmente, resolvera seus conflitos no sentido de que, como passageira, sua primeira prioridade era a de ter um piloto competente, ao mesmo tempo que esperava que os comissários tivessem uma atitude muito mais orientada à acomodação. A epifania era que a voz confiável do piloto transmitia confiança enquanto que o estilo de falar dos comissários de vôo era interpretado como acomodação.

Naquela noite, amparada no colo de sua mãe, Darla teve uma crise de choro à medida que compartilhava os eventos de seu dia, emitindo "Eu sou apenas uma comissária de bordo!". Pacientemente, sua mãe sussurrou, "Você quer ser um piloto"?

Categoria	Gato	Cão
Tom de voz	Acessível	Confiável

Há uma conexão entre a posição de um indivíduo e o seu tom de voz. Quanto mais alta a posição, maior a probabilidade de um indivíduo ter uma voz constante, que diminui no final de frases e sentenças. Essa forma de falar é conhecida como "confiável". Na obra *Credibility*,[32] Kouzes e Posner afirmam que "a credibilidade é o alicerce da liderança". É estranho ouvir uma pessoa em uma posição inferior falando num tom de voz confiável. Na realidade, um gato às vezes precisa ser promovido antes que seu padrão de voz soe normal.

Ilustração: Os Andares

Clarice e Darin iniciaram ao mesmo tempo como empregadas do departamento de Expedição. O superior da seção explicou que, "nesta organização, era necessário realmente começar de *baixo*". Elas levaram um ano inteiro antes de se livrarem do serviço enfadonho de classificação de encomendas num porão desprovido de janelas. Apenas no segundo ano elas começaram a fazer entregas para os vários escritórios localizados no nono andar do edifício, e puderam notar como a gerência sênior dispunha das melhores vistas. Como a comédia predileta delas na TV britânica era *"Upstairs, Downstairs"* – ou "Andares Superiores, Andares Inferiores" –, elas apelidaram os três andares superiores de *"upstairs"* e os três inferiores de *"downstairs"*. Para completarem a lista de apelidos, os andares intermediários receberam a denominação de "desagradáveis".

Elas estavam particularmente frívolas no dia em que receberam os "broches comemorativos pelos dois anos de firma". Durante o almoço, começaram a refletir sobre suas experiências. Darin disse o quanto apreciava expedir os materiais para os andares de baixo, pois lá as pessoas sempre a agradeciam com um "Obrigado!". Clarice a contrariou, com "Oh, não, os andares de cima são muito mais interessantes, tanto que fiz disso uma competição para encontrar alguma pessoa que, ao menos, me reconheça".

Categoria	Gato	Cão
Ciente dos outros animais	Pouco ciente dos cachorros	Muito mais ciente dos gatos

Em qualquer determinado grupo público, os membros que tiverem a voz mais confiável tendem a dominar; inversamente, os que tiverem a voz mais acessível tendem a ser os menos dominantes.

Sem indicar quando é apropriado dominar, faça o exercício a seguir e observe as reações dos ouvintes. Forme um par com um indivíduo e peça para que uma pessoa utilize apenas o padrão de voz confiável e a outra, somente a voz acessível. Visto que nosso interesse está no "processo" dos tons de vozes independentemente de seus conteúdos, defina como assunto o tempo meteorológico. Converse durante dois minutos. Depois, peça para que os padrões de voz sejam invertidos. O assunto, dessa feita, é que vocês dois, numa brincadeira, compraram um bilhete de loteria e ganharam milhões de dólares. Dialogue durante dois minutos sobre o que fazer com esse dinheiro.

A sugestão é de que a pessoa que primeiramente deu sua opinião influencie os padrões de dominação que ocorrerão.

Padrões de Voz de Dominação

Quem Afirma Primeiro = *Padrão de Dominação Resultante*

Voz confiável ⭨ = Voz acessível entrevista um especialista

Voz acessível ∧∧↗ = Voz confiável interroga

Quando o cenário difere de um ajuntamento público, o padrão de dominação não é tão forte, pois os membros se conhecem mutuamente.

Há diversas correlações que fluem do conceito de *Padrões de Voz de Dominação*.

O indivíduo confiável não está ciente do efeito que ele exerce sobre a pessoa acessível. Esse padrão pode ser estendido para incluir grupos inteiros de povos. Por exemplo, os canadenses estão muito cientes do efeito que seu vizinho, os Estados Unidos, têm sobre eles. Visto que 90% dos canadenses moram a apenas 100 milhas da fronteira americana, a influência da mídia é onipresente. Como resultado, os canadenses se sentem dominados pelos americanos. Mas estes, em geral, ficam alheios às suas influências e ao ressentimento resultante. O mesmo é válido no caso da Nova Zelândia e da Austrália. É comum quando se está voando para a Austrália que haja uma conexão no aeroporto de Auckland, na Nova Zelândia. Nas lojas deste terminal aéreo, é possível encontrar camisetas com expressões tais como "Eu apóio o time de rugby da Nova Zelândia e qualquer outra equipe esportiva que possa derrotar os Aussies (australianos)". Comparativamente falando, os australianos não têm conhecimento do desejo ardente dos Kiwis (neozelandeses) de não serem *um povo de menor expressão* que seus vizinhos.

Os sinônimos para uma pessoa orientada à credibilidade são: dependente da posição, líder (assume permissão) e "gato". Os sinônimos para uma pessoa orientada à acessibilidade são: pessoal, seguidor (cria permissão) e "cão".

Ilustração: Aumento da Flexibilidade

Embora Bárbara realmente aprecie tudo o que Carl e Donald significam para sua companhia, ela deseja que os próximos "Carls" e "Donalds" sejam mais bem acabados. Tendo situado Cathy e Devon como o "futuro", ela faz os preparativos para que as duas façam uma viagem de carro com ela. As negociações em Boston são o fundamento ideal de treinamento para as duas concorrentes. Na chegada, Bárbara e seu grupo participam do jantar informal com os negociadores de outras empresas. Quando o evento social termina, a poucos minutos do início do jantar e sob o pretexto de um convite para uma palestra, Bárbara conferencia secretamente com Cathy e Devon no corredor. Ela lhes pede para levantarem os dedos indicadores. "Agora eu irei fazer-lhes uma série de perguntas. Após cada questão, contarei até três e qualquer uma das duas apontará para si própria ou para a outra pessoa responder a questão. Primeira pergunta: qual de vocês faz as perguntas de caráter mais pessoal/social? Um, dois, três!". Sem hesitação, ambas apontaram para Devon.

"Segunda pergunta: qual de vocês tem um poder mais investigativo sobre sua empresa? Um, dois, três!". As duas apontaram imediatamente para Cathy.

"Terceira pergunta: qual de vocês efetivamente examina o que e quando fazem perguntas sobre a nossa empresa?" Baseada no fato de que tanto Cathy como Devon exibiam uma sobrancelha mais alta do que a outra, Bárbara sabia que elas não chegariam de pronto a uma resposta, de modo que contou lentamente, "Um..., dois..., três!". As duas apontaram lentamente para Cathy.

"Dessa maneira, todos nós concordamos que você, Devon, têm grandes habilidades para construir relacionamentos e você, Cathy, é vista como a pessoa confiável. Aqui está a tarefa de vocês. Durante o jantar, troquem de papéis. No final da refeição, você, Devon, faça as pessoas verem-na como a pessoa confiável, e você, Cathy, como a pessoa acessível."

Categoria	Gato	Cão
Poder	Confortável com ele;	Tímido diante dele;
Busca	Promoção/Desafio	Comodidade

Na indústria de laticínios, a nata ascende para a parte superior. No mundo corporativo, os "gatos" são a "nata". Enquanto um "cão" pode afligir-se por ter poder sobre as pessoas, o "gato" acolhe bem essa incumbência. Partindo da perspectiva dessa espécie animal, ela tem capacidades (*catpacities*) superiores – certamente que ela não hesitaria em se qualificar como alguém que saiba o que é melhor para as outras pessoas. Quanto maior o tamanho do "gato", mais poder ele procura.

O "gato" vê a competição muito diferentemente do que o "cachorro". Ao conhecerem como os gatos consideram competições, os cães poderiam ter uma interpretação mais leve sobre ela. Como o gato é motivado pela melhoria, a pontuação é um modo de medi-la. A competição não é um fim em si mesma. Uma competição é um processo de se refinar as habilidades de uma pessoa. Naturalmente, a maioria dos gatos quer vencer e, no entanto, os gatos ambiciosos não vêem seus oponentes como inimigos. A oposição é a aliada do gato em sua busca para melhorar.

Ilustração: O Próximo Nível

Carroll e Daryl cresceram juntos compartilhando um amor comum por todas as práticas esportivas. A paixão mais profunda deles era o basquete. Após terem jogado basquete na faculdade, Daryl se estabeleceu como auditor independente, enquanto Carrol administrava uma empresa de recrutamento e seleção de pessoal. À época em que seus filhos estavam na quarta série, ambos atuavam como treinadores das equipes das crianças. Seus desejos de continuarem em contato com o jogo levou-os a tornarem-se juízes. Eventualmente, eles foram alçados ao posto de arbitrar jogos da escola secundária. Com o passar do tempo, estabeleceram-se como uma dupla precisa e honesta que conseguia controlar habilmente um jogo.

Quando, certa feita, rumavam juntos para uma reunião distrital em uma outra cidade, viram no noticiário que estavam sendo observados para serem promovidos para a liga dos jogos universitários. Suas reações frente a uma possível promoção foram muito diferentes. Carroll, mascando ruidosamente diante de uma provável atuação numa arena que recebia tantas atenções, queria passar o tempo cumprimentando efusivamente seus amigos e familiares. Daryl estava impassivelmente retraído. Embora confuso, Carroll reconhecia a necessidade de diminuir um pouco seu entusiasmo. Lentamente, Daryl abaixou a ponte levadiça que fazia a ligação com seu coração. Ele não esperava o convite pendente. Carroll estava chocado. Ele fez lembrar a Daryl que, durante três temporadas, tiveram avaliações idênticas. Carroll conferia se o seu parceiro considerava que necessitaria de mais experiência para progredir até o próximo nível. Daryl timidamente admitiu que ele tinha tido o treinamento necessário. Foi preciso uma boa conversa com ele para saber o que se passava em sua mente – ele não queria ter aquele nível de responsabilidade.

Enquanto Daryl levava algum tempo para descobrir sua própria resistência a ser promovido, Carroll demandou ainda mais tempo para resolver seus sentimentos. Inicialmente, ele não conseguia aceitar que era sob algum modo diferente de Daryl na aptidão ou ambição. No próximo jogo, Carroll compartilhou seu achado. Ele descobrira o que estava gerando seu ressentimento sobre Daryl não querer ser promovido – ele estava perdendo seu amigo de infância.

Categoria	Gato	Cão
Conflito	Não recusa; no geral, não está ciente dele se provocá-lo	Assustado e confuso na sua presença; ofendido se tiver de apontar algo

Quando cachorros rosnam uns para os outros, eles estão tentando determinar quem venceria no caso de uma eventual briga. Se eles acabam efetivamente brigando é porque tiveram uma avaria qualquer na comunicação. Os gatos são muito diferentes dos cães. Eles individualmente acreditam que são tigres. Muitos de nós, proprietários de felinos, temos visto nossos gatos "entrarem num sururu" com um gato amigo. Nós fielmente levamos o gato ao veterinário e pagamos a conta dispendiosa. Mantemos nosso companheiro peludo dentro de casa durante três meses para que suas feridas sejam cicatrizadas. E, parece que não sabemos..., na primeira oportunidade de saída para a rua, ele continua procurando uma outra briga e recebe seu castigo merecido – resultando numa outra ida ao veterinário.

Ilustração: No Veterinário

Cathy e Doris são veterinárias em uma prestigiosa clínica de animais. Embora não reste nenhuma dúvida de que a equipe inteira seja constituída de pessoal altamente capaz, elas realmente diferem sobre as prioridades. De modo geral, falta diplomacia (*dogplomacy*) a Cathy nas reuniões semanais. Tanto seu tom de voz como a escolha de palavras ásperas inflama diversos membros. Doris apenas dá sua opinião se a atmosfera estiver calma e cooperativa.

Se os assistentes são negligentes na execução de funções, Cathy impulsivamente os repreende. Ela, com freqüência, "leva um pito" do diretor da clínica por sua falta de *timing*. Cathy não identifica as pessoas em um nível pessoal, mas atua no nível da questão. Ela critica seus assistentes, e espera que eles se profissionalizem em vez de personalizar o *feedback*.

Doris, por outro lado, silenciosamente dá à pessoa uma segunda (e freqüentemente uma terceira e quarta...) chance. Quando a infração é séria, ela pede para falar com o assistente em sua sala, de modo que sua privacidade possa ser preservada. Ela passa o mesmo tempo perguntando sobre os filhos dos membros da equipe que é despendido revelando a razão para a reunião. Geralmente Doris assume a transgressão pelo lado pessoal e fica magoada porque a pessoa tem tal tipo de comportamento sob a sua supervisão.

Categoria	Gato	Cão
Características inatas	Ambicioso; procuram ser eles mesmos	Vulnerável; muito preocupados com os outros

As letras da palavra *cat* (gato) significam **c**apaz, **a**mbicioso e **t**alentoso – no mínimo é o que o gato pensa. As letras na palavra *dog* (cão) representam **d**ócil, direcionado para os **o**utros e orientado para o **g**rupo. O "o" ainda significa **o**bediência. Os gatos presumem que as outras pessoas se sentem honradas em servi-los. Os cachorros nunca assumem, eles são vulneráveis e procuram satisfazer as demais pessoas. Eles são participantes de equipes. O gato é uma equipe de uma única pessoa; o restante são seus auxiliares.

Em nossa palestra sobre *Carisma – A Arte dos Relacionamentos*, a apresentadora instrui os participantes para formarem grupos de três, a fim de se envolverem em uma certa dramatização. Para ajudá-los a formar as tríades, ela sugere que os participantes levantem os dedos para indicar que necessitam de um outro membro. Certamente, a maioria das pessoas que ainda não tinham formado os grupos e que estavam com dois dedos levantados, regateando "Temos duas, precisamos de mais uma", procediam dessa maneira enquanto se moviam pelo recinto. No entanto, uma "pessoa-gato" estava de pé num canto, sem se mover, com apenas um dedo levantado e dizendo jocosamente "Temos uma, aceitaremos mais duas pessoas felizardas".

Ilustração: Nós Descobrimos Petróleo

Carl e Donald são vice-presidentes de uma empresa petrolífera de porte médio. Bárbara, a CEO, avalia cada um deles pelos ativos que trazem à mesa corporativa. Carl impele e motiva a companhia e seus funcionários a atingirem novas alturas. Ele, de modo geral, não tem consciência de seu estilo. Bárbara lhe deu um rolo compressor de brinquedo na revisão de seu desempenho. Donald é o confidente do tipo "paizão". Sua porta não apenas está "sempre aberta", como também ele ouve as pessoas depois do expediente. Bárbara geralmente o descreve como o médico que eleva o ânimo.

Bárbara conduz as reuniões semanais olhando para Carl para saber se a agenda está se movendo suficientemente rápida, e dá umas olhadelas em Donald para determinar se a dinâmica de grupo está funcionando bem. Como os aferidores de uma máquina finamente lubrificada, Carl e Donald são o "*yin*" e o "*yang*" da saúde da empresa.

Categoria	Gato	Cão
Característica média	Deseja ser respeitado	Deseja que gostem dele

Querer ser *respeitado* e querer ser *admirado* são características refinadas. Uma pessoa equilibrada tem aspectos das duas características. Quando um "gato", que inerentemente quer *respeito*, torna-se desequilibrado, o desejo pelo respeito é exibido nele próprio como *arrogância*. Similarmente, quando um cachorro, que naturalmente quer ser admirado, torna-se desequilibrado, ele se culpa por não "ser admirado" e se sente culpado por não estar agradando suficientemente os outros.

Ilustração: Utilização de Pontos Fortes

Conforme planejado, após seis meses da fusão, Bárbara está refletindo em voz alta com Priscila. Alguns dos departamentos estão operando extremamente bem. Os antigos e novos membros da equipe de Pesquisa e Desenvolvimento, quando lhes é dado liberdade dentro das diretrizes orçamentárias, estão progredindo satisfatoriamente nos novos projetos.

Priscila relembra à Bárbara de como é importante para ela parar uma vez ao mês, reconhecer suas contínuas contribuições. Bárbara responde: "Preciso desse lembrete no próximo contato com eles, pois então ficarão sabendo que são apreciados".

Ambas concordam que, quando os membros mais antigos do departamento de Contabilidade pedem aos novos membros suas opiniões sobre algo, a integração entre eles é mais completa. Bárbara escreve de próprio punho uma nota para aplicarem *coaching* em Carrie, na qualidade de chefe do departamento, para que faça isso com maior freqüência.

Ela solicita expressamente para que Priscila monitore a interação de Carl com os dois departamentos críticos. Quando Carl está num estado emocional sob controle, ele é visto pelos auditores como um funcionário decisivo – o que eles apreciam, mesmo quando discordam dele – se bem que, quando participa das reuniões do departamento de Pesquisa e Desenvolvimento, possa ser exigente –, o que é aceitável, desde que não permaneça um tempo demasiado na sua posição de chefia.

Categoria	Gato	Cão
Característica extrema Quando estressado Quando tranqüilo	Arrogante/rigoroso Visto como raivoso Visto como decisivo	Afligido por culpa/bajulador Visto como suplicante/vítima Visto como à procura de informações

Sob pressão, o "gato" arrogante é impaciente e visto como raivoso. O "cachorro" afligido por culpa, quando estressado, será percebido como um "capacho" emocional, uma vítima indefesa que suplica para ser admirada.

Há uma percepção errônea entre pessoas amigáveis que aqueles entre nós que falam segundo um padrão de tom confiável de modo geral estão aborrecidos. Similarmente, as pessoas que naturalmente gostam de seguir hierarquias, interpretam de maneira errada um padrão de voz rítmico como sendo, provavelmente, típico de "capachos". Na realidade, não é o padrão de voz que causa o mau entendido, mas sim os modelos de respiração subjacentes. O entendimento das seguintes fórmulas é essencial para uma interpretação segura[33].

Voz	+ Respiração	= Interpretação
confiável	+ Alta (toráxica)	= ira
confiável	+ Baixa (abdominal)	= decisão; dando informações
acessível	+ Alta	= súplica
acessível	+ Baixa	= procura de informações

Esses axiomas são especialmente importantes para as organizações. Como as pessoas ocupantes de posições mais altas tendem a utilizar tons de voz confiáveis, há uma alta probabilidade de que os subordinados irão interpretar errado. A propriedade de decisão é a intenção do superior, mas se ele respira de modo superficial/alto, os funcionários acham que o chefe está de mau humor. Similarmente, os funcionários querem ser vistos como cooperativos, mas também como pessoas com firmeza que podem contribuir. O modelo de respiração, não o tom de voz, é o fator determinante.

Há uma cena no filme *A Few Good Men* em que Tom Cruise tem Jack Nicholson no banco de testemunhas[34]. Tom intencionalmente irrita

Jack de tal forma, que os berros deste revelam o fleuma saindo de sua boca. A maioria das pessoas equipara o ato de gritar com estar fora de controle. Jack Nicholson é o ator consumado – ele está respirando de modo profundo/baixo, não superficial/alto, quando diz "Você não pode manipular a verdade!". A prova de que ele está emocionalmente no comando de si próprio é a forma como seu rosto se transforma completamente à medida que ele é imediatamente preso.

Eu me identifico mais com o final acessível da série contínua de tons de voz e, portanto, tive de aprender a empregar a voz confiável com uma respiração de modo profundo/baixo. Uma das vantagens de manter os antebraços paralelos ao solo, que é o que as pessoas de padrão de voz confiável efetivamente fazem, é que posso monitorar se estou respirando de modo profundo/baixo. Visto que as mãos são mantidas na frente de meu abdôme, posso fisicamente sentir os movimentos de meu estômago enquanto exalo e inalo. Assim, embora preferisse não gritar como Jack Nicholson fez, desejo regular minha respiração para um modo profundo/baixo sempre que sou confiável, particularmente quando estou falando em voz alta.

Ilustração: Quando Estressado

Quando Carl está impaciente, ele parece arrogante e furioso com ambos os departamentos. Os contadores querem controlá-lo enquanto os funcionários de P e D se retraem e sentem-se culpados.

Priscila roga a Bárbara para que afaste Donald dos contadores: "Ele simplesmente não é bastante confiável para lhes fazer um elogio". Donald consegue se sair bem junto ao laboratório do departamento de Pesquisa e Desenvolvimento, pois seus subordinados percebem sua importância quando um dos vice-presidentes está fazendo perguntas.

Categoria	Gato	Cão
Pessoas	Força-as a prestarem contas	Aceita-as facilmente
Ênfase	Questões	Ânimo elevado/relacionamentos

Os "gatos" consideram as pessoas um meio para atingir os fins. Os subordinados são forçados a prestarem contas segundo uma maneira justa e eqüitativa. O grupo é mais importante do que o membro individual. Os "cães" atuam exatamente do modo oposto – o indivíduo é o que merece ser honrado a qualquer preço.

A esse respeito, as diferenças entre cães e gatos podem ser cobertas pelo modelo de Fisher e Ury referente aos níveis de comunicação[35]. O seu paradigma tem os seguintes níveis:

Relacionamento
Motivos/Necessidades
Questões

Os "gatos" focam no nível das questões e têm de ser ensinados a ficarem atentos às pessoas envolvidas (relacionamento). Os cães, atraídos para junto das pessoas, têm de receber *coaching* para expandir seus focos, de modo a incluírem as questões envolvidas.

		Os cães partem deste ponto e devem trabalhar no sentido descendente
	Relacionamento	
	Motivos/Necessidades	
Os gatos partem deste ponto e devem trabalhar no sentido ascendente	Questões	

Na realidade, ambos os modelos são paradigmas apropriados para determinados contextos. As Forças Armadas, sem ter necessidade, operam partindo da premissa que o bem do todo tem mais valor do que as necessidades de poucos. Gandhi também operava com base nessa premissa. O mundo dos consultores é exatamente o oposto. A unidade (por exemplo, a família) somente pode funcionar quando cada membro individual é saudável.

Ilustração: Sintetizando

Periodicamente, Carl irrompe no escritório de Bárbara gritando para ela (e para quem quiser ouvir), exigindo que fulano e sicrano sejam despedidos. Bárbara oscila entre uma estratégia de permitir que ele dê vazão à sua fúria, como o Monte St. Helens, e solicitar para que ele dê uma volta no quarteirão e se acalme antes de se falarem.

Se, após as coisas assentarem, via desabafo ou caminhada, parecer-lhe que Carl tem uma reclamação legítima, Bárbara pedirá para que Donald junte-se a eles. Donald é um humanitário – um condescendente genuíno. Ele acredita que a maioria das pessoas possa ser moldada em funcionários capazes. Donald argumentará que o tempo de partida para revelar um novo talento supera o custo financeiro e humano de aplicar mentoreamento em um trabalhador ineficiente. Tradicionalmente, Carl se opõe com uma premissa igualmente válida de que não podemos voar como águias se estamos cercados de búteos (pessoas desprezíveis).

Bárbara descreve os argumentos dos dois subordinados, tendo Carl como a tese e Donald a antítese. O propósito dela na reunião é o de chegar em uma síntese.

Categoria	Gato	Cão
Estilo de gestão	Intervem no início	Intervem muito depois

Ao gerir um grupo, há ocasiões em que um indivíduo é tudo menos produtivo. A funcionalidade do grupo deve ser preservada pela pessoa no comando. Essa pessoa tem de gerenciar o indivíduo. A perspicácia de intervir e gerir o indivíduo imediatamente ou de aguardar é determinada com mais precisão pelo entendimento da cultura do grupo.

Quanto mais a pessoa no comando reconhece seu próprio estilo natural de intervenção, mais ela pode ajustar-se às circunstâncias reinantes. Uma pessoa no comando orientada à confiabilidade pode ser ela mesma se lidar com um grupo orientado à confiabilidade, mas deve aumentar sua paciência quando interagir com um grupo orientado à acessibilidade. Ao trabalhar com um grupo orientado à confiabilidade, a pessoa acessível no comando precisa aumentar a velocidade com a qual intervém.

Pessoas no comando dos dois estilos têm de entender a ambivalência que um grupo orientado à acessibilidade terá quando houver sua intervenção. Eles irão visualizar a pessoa no comando como excessivamente rígida e, no entanto, apreciarão particularmente que a intervenção tenha sido feita.

Abaixo, temos as quatro combinações que ocorrem quando uma pessoa no comando gerencia um indivíduo inadequado e o grupo está observando. Devido à complexidade da dinâmica de grupo, o ícone é dado por um triângulo. Isso porque a pressão sentida em um lado é igualmente experimentada pelos outros dois lados. Os vértices são representados por P (pessoa no comando), I (indivíduo) e G (o grupo como um todo).

A seta plana com uma queda na entonação simboliza a voz/cultura da confiabilidade. A seta ondulada com uma subida na entonação é o ícone para voz/cultura da acessibilidade.

Cultura Confiável

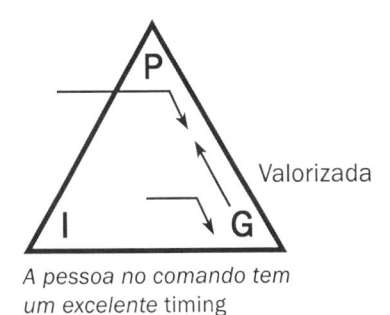

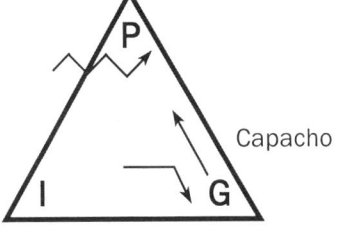

Valorizada

A pessoa no comando tem um excelente timing

Capacho

A pessoa no comando é percebida como "mole"; precisa intervir mais cedo

Cultura Acessível

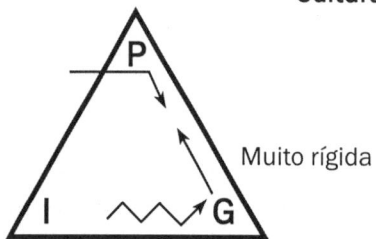

Muito rígida

Rígida

A pessoa no comando é percebida como rígida; precisa ser paciente. Ela não será incomodada pela crítica privada do grupo

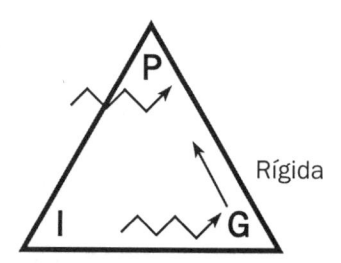

A pessoa no comando é naturalmente paciente, e, quando ela finalmente intervém, é incomodada pela crítica privada do grupo

As pessoas orientadas à confiabilidade querem aumentar sua ciência sobre os indivíduos.

As pessoas orientadas à acessibilidade querem notar as pessoas como um grupo integral.

Quando o grupo está numa cultura de acessibilidade, a pessoa no comando é vista como rígida quando gerencia os indivíduos. A pessoa no comando confiável, "dotada de características felinas", não é perturbada pela reação do grupo, ao passo que a pessoa acessível, "com características caninas", o é. O "cão" geralmente se desculpa com o grupo, o que o confunde. É perigoso gerenciar a partir de uma personalidade "canina".

O membro acessível particularmente aprecia que a pessoa no comando intervenha, mas na esfera pública não indicará essa apreciação. A pesquisa a seguir explica esse fenômeno.

Friesen e Ekman conduziram um experimento em que filmaram as expressões faciais de americanos e japoneses enquanto estes assistiam um filme de terror sobre um acidente industrial.

Como a cultura japonesa coloca maior valor na dissimulação das emoções, eles esperavam ver menor reação emocional dos participantes japoneses. E, de fato, quando um experimentador de avental branco e pose de oficial permaneceu na sala com cada participante durante a projeção do filme, isso foi o constatado pelos pesquisadores.

Os participantes americanos exibiram uma ampla gama de expressões faciais angustiantes, ao passo que os japoneses responderam com, se muito, sorrisos gentis. Todavia, o cenário mudou quando os participantes da pesquisa foram deixados completamente sozinhos para assistirem o filme. Quando eles pensaram que ninguém estava observando-os, as pessoas das duas culturas mostraram expressões faciais angustiantes similares. Isso levou Friesen e Ekman a concluirem que, mesmo quando uma cultura tem regras estritas sobre exibições públicas de emoções, seus representantes ainda utilizam as mesmas expressões faciais básicas na esfera privada[36].

Ilustração: Ampliando Habilidades

Bárbara está sempre pensando como poderá perpetuar não apenas a empresa, mas também a fina tradição de construir capacidade no interior da mesma. Tendo identificado Cathy como uma futura líder, ela anseia aumentar sua flexibilidade administrativa. Sabedora de que a reação automática de Cathy é a de envolvimento e controle de situações, Barbara reúne Cathy e Donald para liderarem um projeto a ser executado. Os membros escolhidos para o projeto serão divididos em três equipes. A composição individual das equipes é clássica. Uma equipe é constituída na maior parte de "gatos", outro grupo tem somente "cães" e a terceira é uma mistura de estilos.

Cathy tem reuniões duas vezes por semana com os três subgrupos. Donald, em seu papel de "mentor dos bastidores, tem fornecido a ela o trabalho seminal de Tuckman sobre as fases da formação de grupos: abordagem de problemas, formação, normatização e execução[37]. O grupo dos "gatos" rapidamente se ocupa da fase de abordagem de problemas, pois diversos membros disputam o seu domínio. Donald não diz nada quando Cathy se envolve e determina as diretrizes operacionais básicas; um tigre, em particular, tem de ser colocado em seu lugar – com Cathy balançando o dedo indicador no rosto dele. No intervalo de duas semanas, o grupo estava desempenhando muito bem. Era como se a intervenção de Cathy possibilitasse-o avançar para este nível, pois o 'conjunto de normas' era a mão-de-ferro dela. A única coisa sobre a qual Donald a interrogou foi sobre o período de exposição de emoções inflexíveis. Donald: "Assim que o tigre começar a mudar de uma atitude de combate à de cooperação, recue. Aprenda a dar aos 'gatos' uma linha graciosa para a retirada".

A impressão inicial de Cathy sobre o grupo dos "cães" era a de uma intensa cooperação. No entanto, uma inspeção mais detalhada mostrava que o grupo não confirmava ter ímpeto suficiente para arrancar para o progresso. A intervenção de Cathy foi a de indicar o quanto ela estava desapontada e fazê-la lembrar das programações de trabalho esperadas deles. Donald ficou aborrecido com a veemência dela. Ele explicou, "você pode exigir, conforme fez, e eles aumentaram a velocidade do progresso; todavia, você está acorrentando-se ao ter que participar de cada reunião para poder fazê-los permanecer na rota. Pense sobre como tê-los dependentes de si próprios, de modo que possam ter bom desempenho mesmo quando você não estiver presente".

Donald tinha estado inteirado da preparação de abordagem de problemas no time misto. Ele aconselhara Cathy a não participar da reunião do grupo. Explicara que, no passado, houvera a interferência do Serviço Florestal dos Estados Unidos sempre que algum incêndio irrompera. Em 1995, eles mudaram suas políticas e a maneira de avaliar cada incêndio – e, de modo geral, deixavam que alguns deles fossem deflagrados.

Categoria	Gato	Cão
Gestos	Palmas das mãos para baixo	Palmas das mãos para cima
Nível de influência	Maior influência	Menor influência

As pessoas são bastante sistemáticas sobre seus comportamentos. O que elas comunicam com o olhar é refletido também na voz, corpo (incluindo gesticulações) e respiração. Na realidade, para o leigo, o termo *congruente* significa que a verbosidade do indivíduo é apoiada por seus elementos não-verbais.

Quando uma pessoa tem um padrão de voz confiável, constante, ela normalmente tem as palmas das mãos voltadas para baixo. A direção de suas palmas assiste o nivelamento da voz; da mesma forma, as palmas voltadas para cima suportam um padrão de voz acessível. Pode ser prudente notar que em muitos países da Europa Ocidental uma mulher que fala com as palmas das mãos posicionadas lateralmente (ou seja, de frente uma à outra) equivale a um homem se comunicando com as palmas voltadas para baixo.

Algumas culturas acreditam numa "regra majoritária", que dá certo se todos têm igual habilidade para persuadir. Os "cães" operam segundo o axioma de que se são agradáveis com os outros, conseqüentemente as outras pessoas serão agradáveis com eles. Essa *Regra de Ouro* freqüentemente citada é precisa entre cachorros. Ela não é uma representação acurada de gatos ou de uma *companhia mista:* Se um grupo de dez tem dois "gatos", seis "cachorros" e dois *dots* (pessoas que predominantemente têm características caninas com leves traços felinos), os dois "gatos" dominarão desproporcionalmente em relação à sua quantidade. Isso porque os elementos não-verbais dos "gatos" são mais poderosos do que os dos outros membros (Veja as páginas 107-113 para obter mais detalhes).

Para ilustrar que os gatos dominam (essa é uma extensão do conceito de "Padrões de Voz de Dominação" da página 74), encene o seguinte exercício. Três pessoas estão sentadas. Uma cadeira está de frente a dois superiores de mesmo *status*. A pessoa na cadeira individual está propondo os detalhes de uma festa na empresa – detalhes como em que local ela se dará, quais alimentos, atividades, jogos, oradores, e a escolha da lista de convidados. Um dos superiores é confiável (costas eretas, cabeça imóvel, calado e olha no relógio a cada 20 segundos). O outro é acessível (inclinado para a frente, movimentos com a cabeça, emite sons encorajadores, faz contato visual).

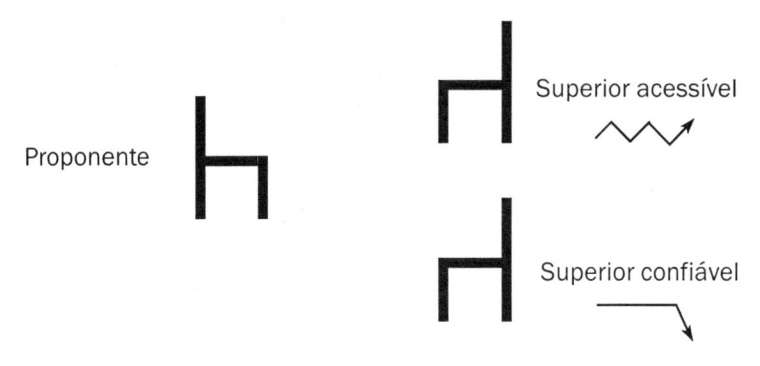

Proponente — Superior acessível / Superior confiável

Após fazer essa dramatização durante dois a quatro minutos, interprete os seguintes padrões de dominação.

1. O proponente olha para o indivíduo acessível durante a fase de *Coleta* do processo de tomada de decisões com maior duração e freqüência do que para o indivíduo confiável. O proponente respira mais apropriadamente ao fazer contato visual com o ouvinte acessível.

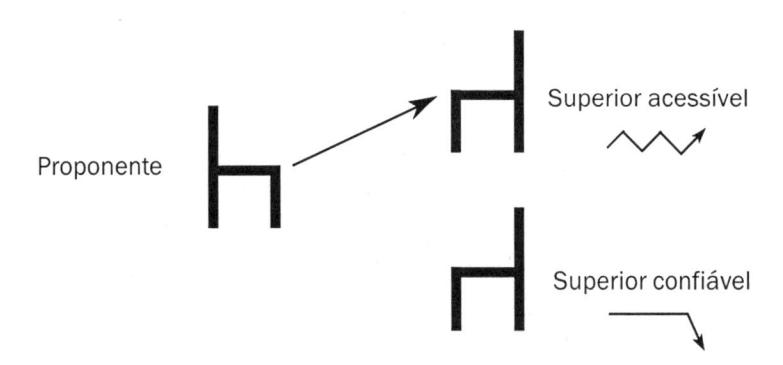

Proponente → Superior acessível / Superior confiável

2. Quando o proponente volta-se para o indivíduo confiável, ele aumenta seu estresse, conforme evidenciado pela sua dificuldade de encontrar as palavras.

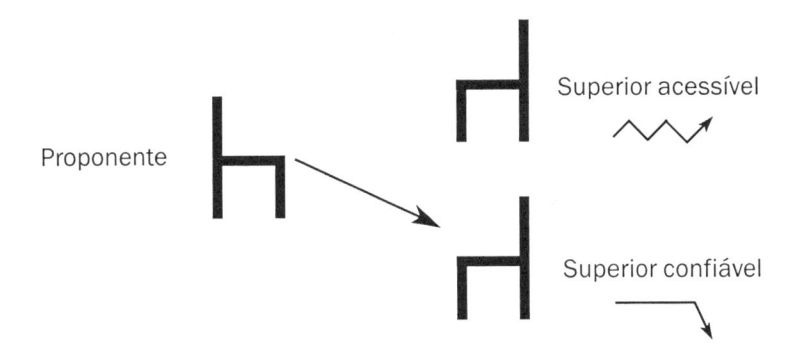

3. A exceção à primeira e à segunda correlações é a de um proponente que seja, pela sua própria natureza, orientado ao poder. Quanto mais ele for confiável, menor número de contatos visuais fará com o indivíduo acessível. Na realidade, o proponente descarta o indivíduo acessível uma vez que ele visa ao alinhamento com o indivíduo dotado de poder.

4. No final da fase de Coleta do processo, os proponentes voltar-se-ão ao ouvinte orientado à confiabilidade à medida que se iniciarem as fases de Avaliação e Decisão. Quando a fase de Coleta for concluída, o indivíduo acessível é excluído do processo.

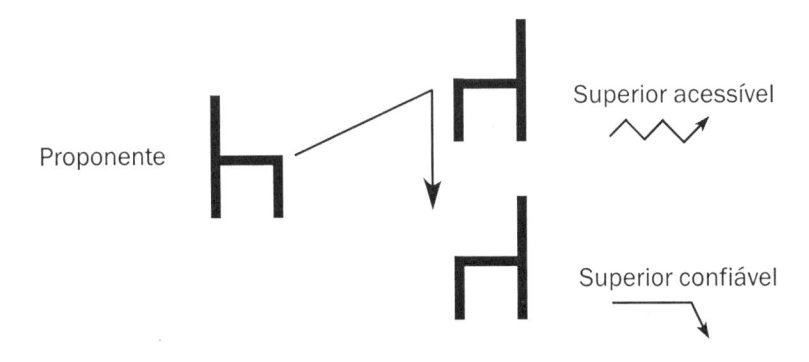

Quando o proponente profere a sentença "Então, o que você acha?", ele transfere seu olhar, lançado no *superior acessível*, diretamente para o *superior confiável*.

Cabe às *pessoas acessíveis* reconhecerem quando o processo de tomada de decisões está aproximando-se do final da fase de Coleta e começando a mudar para os comportamentos não-verbais do *padrão de voz confiável,* para que elas sejam plenamente apreciadas pelos outros membros durante as fases de Avaliação e Decisão.

Do mesmo modo, é prudente que as *pessoas confiáveis* aumentem seus comportamentos não-verbais associados à *acessibilidade* durante a fase de Coleta, para que sejam obtidas mais informações.

Espera-se que o exposto acima explique o motivo de as organizações hierárquicas manterem *pessoas confiáveis* em suas fileiras. Embora elas possam ser prejudiciais durante a fase de Coleta, começam a revelar seu brilho quando o processo do grupo entra na fase de Decisão.

Concluindo, os gestores efetivos têm uma gama completa de tons de voz. Eles empregam o estilo acessível quando coletam informações e o estilo confiável quando estão decidindo.

Ilustração: Outro Par de Olhos

Bárbara está participando de uma reunião com uma empresa com a qual sua firma se fundiu. Ela comprara a companhia especialmente por seus afamados departamentos de Contabilidade e de Pesquisa e Desenvolvimento. A reunião dessa manhã é com os gerentes seniores de vários departamentos.

Como Bárbara precisa estar atenta ao conteúdo, ela trouxe consigo a perceptiva Priscilla, de seu departamento de Recursos Humanos. Bárbara a instruiu para que observasse as palmas das mãos dos gerentes da nova empresa. Durante o intervalo para o café matinal, Bárbara e Priscilla se encontraram no banheiro feminino para compararem suas percepções. Elas concordaram que os membros do departamento de Contabilidade gesticulavam com as palmas voltadas para baixo e suas vozes soavam enfáticas, mas que os gerentes do departamento de Pesquisa e Desenvolvimento falavam com as palmas voltadas para cima, reforçando um padrão de voz que subia numa espiral no final de sentenças e frases.

Bárbara ligou para sua secretária solicitando que marcasse reuniões vespertinas entre os gerentes dos dois departamentos de cada empresa. Prudentemente, ela instruiu Carl para que ele presidisse a reunião com os departamentos de Contabilidade. Ele tem a atribuição específica de garantir para que os novos membros não intimidassem ou vexassem o departamento antigo. Nesse ínterim, Donald é apontado como o facilitador da reunião com os departamentos de Pesquisa e Desenvolvimento. Sua tarefa é criar uma atmosfera suficientemente tranqüila para que os novos membros se sintam seguros para revelarem os segredos de seu sucesso.

Categoria	Gato	Cão
Auto-imagem Perfeição	Prioriza a auto-seleção; partindo de uma perspectiva interna Motivado pelo progresso	Dependente de como é a visão dos outros Adora fazer o que satisfaça aos outros

O gato vê a si próprio como auto-suficiente, uma ilha inteira em si mesmo. Ele decide sua própria realidade. Um cão, que visa a ser adorado, é extremamente preocupado com o que os outros pensam dele.

Com relação à segunda característica, *perfeição*, há uma pesquisa da Universidade de Miami que lança um pouco de luz sobre essa discussão[38]. Os estudiosos constataram que um chefe faz em média seis elogios para uma crítica branda. Tendo uma carreira na função de supervisor, eu gostaria de acrescentar algumas distinções. Visto que as pessoas têm mais "características caninas" do que "felinas", a estatística se posiciona como uma ciência estabelecida. Mas isso pode ser porque os "cachorros" optam pelo *elogio* em detrimento do *progresso*. Os verdadeiros "gatos" não são motivados pelos elogios nem pelas realizações. Os "Donald Trumps" do mundo não são estimulados pelo dinheiro; eles arriscariam duas fortunas para ter a chance de ganhar uma terceira. A "caça" em si é que caracteriza o ímpeto deles.

Enquanto um "cão" poderia elogiar "outro" pela coragem que ele teve de *arriscar* – o mesmo elogio é desconsiderado quando recebido por um "gato". Executores de ponta são mais ativos quando vivem sob o que um "cão" denomina de risco. Certas culturas ocupacionais são preenchidas com "gatos" que vivem pela pressão da adrenalina. O aumento da adrenalina em um "cachorro" é muito diferente do aumento em um "gato". Conforme mencionado anteriormente, os controladores de tráfego aéreo e os atletas profissionais fazem parte dessas categorias de pessoas. Um exame das performances nas artes revela como a perfeição é obtida. Os bailarinos são uma mistura única de uma perfeição relaxada. Dançarinos passam suas carreiras criando o que, segundo o olhar público, parece uma facilidade para o movimento. O público fica assombrado pela fluidez e graça dos dançarinos. No entanto, sabemos que seus corpos iriam enrijecer-se se eles fossem cientes de que todos os olhos recaem neles. Como eles lidam com o risco? Não se trata de um risco para eles, mas sim de uma oportunidade de executarem o que amam. Emocionalmente, eles não estão arriscando-se.

Tem sido documentado pela Medicina que os pilotos profissionais de corridas de carro aumentam sua adrenalina, mas não há aumento de seus batimentos cardíacos. Isso resulta em mais oxigênio para o cérebro, conseqüentemente possibilitando maior flexibilidade nas respostas. Em essência, o "gato" não está arriscando-se, mas acolhendo uma oportunidade.

Esses comentários sobre adrenalina fazem-nos retomar a pesquisa conduzida pela Universidade de Miami. Visto que os "gatos" sempre querem melhorar cada vez mais (adoram a auto-seleção, desafios intermináveis), eles desejam ter seis sugestões para cada elogio. A tentação, quando participam de uma revisão de desempenho com um subordinado apto e talentoso, é fazer muitos elogios. A opção mais sensata é dar sugestões que se adaptem aos interesses propriamente selecionados pela pessoa.

Ilustração: Preparando Pessoas para a Promoção

Bárbara se prepara para a reunião anual que definirá as metas da empresa. Ela sabe secretamente que combina as revisões de desempenho de seus dois vice-presidentes na sessão. Bárbara conclui que, com muita freqüência, opta por Carl ou Donald para uma determinada interação ou projeto com base em seus pontos fortes inerentes. Isso é apropriado e bom para ela na qualidade de CEO, ainda que não dê um bom exemplo para os talentos que "entram e saem" da empresa.

Ela deseja aumentar aquelas competências comportamentais que tanto Carl como Donald conseguem manifestar. Lembrando-se do que motiva Carl e Donald [conforme indicado entre colchetes], Bárbara aborda o segundo da seguinte maneira. "Donald, seu compromisso com a melhoria desta empresa [dirigindo-se ao outro] é exemplar [apreciação]. Quero pedir um favor a você [acessando o relacionamento pessoal]. Cathy e Devon foram identificados como candidatos à promoção. Ambos são excelentes no nível em que atuam no momento. E, no entanto, para suas futuras posições, os dois necessitam de habilidades de comunicação mais variadas [essas pessoas, de quem você gosta, estão contando com você para obter as competências que lhes faltam]." Bárbara prosseguiu para indicar que "Ao rever as pautas da agenda com Cathy antes de uma reunião, mostre a ela as técnicas no papel que serão utilizadas durante a sessão. Depois olhe para ela e lhe diga como as técnicas aumentarão a produtividade devido ao aumento nos relacionamentos. É impossível sustentar altas expectativas sem grandes relacionamentos no trabalho. Com Devon, faça-o saber que ele não gosta de situações desagradáveis e, portanto, diga-lhe para escrever ou mostrar informações voláteis em um *flip-chart*".

Voltando-se para Carl, Bárbara primeiramente se assegura de que tem sua atenção para então olhar para fora da janela à medida que lhe dirige a palavra [provocando-o]. "Carl, você representa um perigo para si mesmo quando não tem um projeto no qual possa imergir totalmente. Seu estilo profissional é semelhante ao de um gato descansando, mas sempre mantendo-se enovelado para pular sobre algo que atraía seus olhos e mantinha sua atenção [Janela de Johari com uma remodelagem positiva]. Estamos examinando possibilidades em dois projetos ['gatos' adoram escolhas]. Selecionaremos um deles e o iniciaremos durante este trimestre. Ambos os projetos têm o potencial de elevar essa companhia até o próximo patamar [progresso]. Antes de falarmos sobre eles [os projetos não foram discutidos ainda, de modo que a cenoura na extremidade da haste pode ficar dependurada por bastante tempo – com isso aumentando o apetite], eu quero que você simule que é o CEO. Pense sobre o que você faria com essa empresa se os recursos financeiros fossem dobrados [o ego do 'gato' é endereçado]."

Bárbara conseguia ver perifericamente que a mente de Carl tinha sido "fisgada". Ela esperou em silêncio durante outro minuto, quando indiretamente percebeu que os lábios dele estavam a ponto de se mover – ela voltou-se bruscamente da vista para a janela e olhou diretamente para Carl. Isso interrompeu seu impulso para falar – ele estava atônito. Com Carl em um raro estado de vulnerabilidade cognitiva, Bárbara, sem piscar os olhos, sussurrou "Você precisa considerar essa oportunidade como me-re-ce-do-ra de seu de-sa-fio. Você necessita ser paciente com a duração dos projetos, assistir as pessoas e ser agradável com certos competidores". Como se fosse uma deixa, o telefone tocou; Bárbara acenou de maneira não-verbal para eles, dispensando-os enquanto atendia a chamada.

Categoria	Gato	Cão
Como pais	Garante a seus filhos que eles são alguém	Estimula seus filhos para que eles possam ser alguém

J. C. Penney era tão compulsivo como pai que ele revisava o abecedário com seu filho, com cada uma das letras representando uma característica desejável, A – *ambition* (ambição), B – *boldness* (ousadia) e C – *courage* (coragem).

Em uma observação pessoal, eu sou o segundo filho mais velho entre nove crianças. Nas reuniões familiares, falávamos do passado com prefácios de "Lembram-se quando...". Nas reflexões posteriores, parecia que muitos de nossos irmãos tinham tido pais e mães diferentes.

Meu instantâneo de minha fase de adolescente, e entrando na fase adulta, era a mudança de um bairro compatível sob o aspecto socioeconômico para outro em que éramos um casal com um nível financeiro inferior ao das outras famílias da rua.

A nova casa era a mais acanhada do quarteirão. Tínhamos cinco carros para que dois deles funcionassem nas manhãs das segundas-feiras.

Meu pai era silenciosamente presente. Como eu era um homem com mais "qualidades felinas do que caninas", ele era ideal para mim. Eu tinha um suporte tácito sem pressão. Ele foi meu padrinho de casamento. Embora não recorde nenhuma conversa estimulante com meu pai, tenho com minha mãe. "Você faça tudo o que quiser... e faça da melhor maneira possível."

Na minha idade adulta, suas palavras ressoavam como um pôster de recrutamento do Exército. Orgulhar-me de tudo o que eu fazia era um tema recorrente.

Minha suspeita é de que as diferenças socioeconômicas tenham feito com que eu ficasse mais amargo e ressentido com a vida, resultando em uma independência das pressões e dos ritos de passagem do exterior. Papai era um "cão" silencioso e mamãe, uma "gata" ativa e criativa.

Ilustração: Papel de Pai

Retornando de carro para casa após o piquenique da empresa no 4 de julho (Dia da Independência dos EUA), Bárbara ri sozinha quando percebe que, embora Carl queira que seus filhos assumam que serão importantes, ele os controla tanto que eles não conseguem desenvolver-se como seres de vontade própria. Donald, por outro lado, é gentil e apóia seus filhos. Quando Bárbara encontrara os filhos de Donald, eles demonstravam autoconfiança, porém tinham boas maneiras.

Ela ficou tão impressionada com os filhos de Donald que na segunda-feira tinha perguntado a ele se o mesmo achava a tarefa de educar os filhos algo fácil. Ele imediatamente sorriu: "Oh, se eu tivesse apenas as duas primeiras crianças, consideraria que esta era uma tarefa simples. A terceira, Carolyn, me deixa mais humilde. Tenho uma necessidade tão grande de que eles precisem de mim – Carolyn age como se ela não precisasse de ninguém. Quanto mais avanço para o plano de fundo de seu panorama, mais útil me torno".

Categoria	Gato	Cão
Propósito na vida Novidades	Fazer e acontecer Se opta por algo, fica bastante entusiasmado	Ser feliz Quer ter bons desempenhos

Há muitas categorias de "gatos", uma das quais é "talentoso e apto". Esse particular estilo acadêmico desses animais representa esperar por alguns aspectos do semestre que lhe agradem. Quando isso ocorre, eles se atiram de corpo e alma no curso; caso contrário, ficam apenas marcando tempo.

Eles são os alunos que compreendem o que o professor está explicando antes dos outros. O que lhes interessa não é o que está sendo dito, mas os tópicos tangenciais.

Sendo "exceções à regra" em si mesmos, eles têm uma maior atração a subestrutura e extrapolação daquilo que estão explorando. Os professores reservadamente os apelidam de estudantes "e se...".

Nenhuma regra ou conseqüência jamais os ameaça ou os transforma. Eles são os estudantes que, na sétima série, estão cansados do que lhes é dito privadamente pelos professores: "Vocês têm tanto potencial!".

A maior parte das classes é composta de "cães" – alunos que fluem ao sabor da corrente – os gatos os descrevem como "levados pelas circunstâncias...". Quando há entrevistas com os pais sobre o que eles querem para seus filhos, os mesmos reportam: "Que eles sejam felizes!". Essa é uma meta realística para a prole de cachorros.

Henry Ford, devidamente orgulhoso de sua invenção da linha de montagem, estava um dia caminhando pelas dependências de sua fábrica com um especialista sobre eficiência de tempo. Quando eles passaram próximo de um funcionário, que aparentemente adormecera em sua mesa, o especialista mencionou: "e procure se livrar dele".

Henry voltou-se para um executivo que fazia parte da comitiva: "Independentemente da quantia com que estamos remunerando esse especialista – acerte suas contas agora. Seu trabalho acabou".

O homem, bastante chocado, exigiu uma explicação. A réplica de Henry indica sua própria apreciação sobre "gatos": "A última vez em que esse homem acordou, ele fez com que eu ganhasse um milhão de dólares".

As implicações óbvias eram que o Sr. Ford não queria assumir o risco de ter o homem dormindo na mesa de um concorrente.

Ilustração: Cags e Dots

Bárbara sabe que as descrições de pessoas como sendo "cães" e "gatos" são comentários situados nas extremidades finais de uma série contínua envolvendo animais. A maioria das pessoas está entre os dois pólos, com mais pessoas agrupadas próximas da ponta representativa dos cães. Para identificar as tendências de uma pessoa, ela tem criado mentalmente o que denomina de *dots*. O *"do"* representa as duas primeiras letras de *dog* (cão) e a última letra *"t"* é extraída da última letra da palavra *cat* (gato). Em outras palavras, a pessoa é dois terços cão e um terço gato. Aquelas pessoas que contam com uma mistura inversa são nomeadas como *cags*. Com o passar do tempo, Bárbara veio a concluir que, sob alguma medida, ela tenta circundar os "gatos" de sua organização com os *cags*, que, por sua vez, são de alguma forma circundados por *dots*.

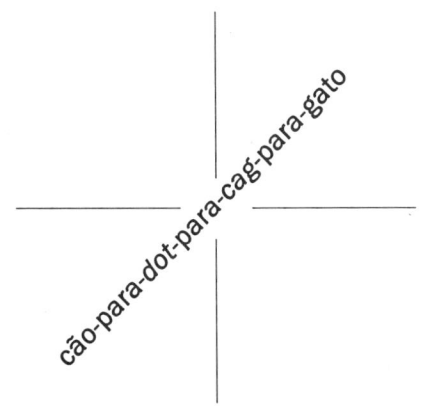

cão-para-dot-para-cag-para-gato

Bárbara certa feita explicara que engenheiros necessitam de peritos em esboços (ela tinha o hábito de chamá-los de "desenhistas", mas tinha sido corrigida por alguém dos politicamente corretos).

Os engenheiros inicialmente se entusiasmariam com um projeto, mas, com o tempo, tornavam-se enfadonhos. Seus pontos fortes residiam na imaginação e criação. Eles citavam Einstein com carinho, "Precisamos ter mais tempo para imaginar". Em contra-partida, os peritos em esboços viam a sina de suas vidas como simples e de extrema persistência.

No léxico de Bárbara, os engenheiros são *cags* e os peritos em esboços são *dots*. Sob a perspectiva de um CEO, uma pessoa, que sirva como ponte de comunicação com os precursores dos projetos, tem de finalizá-los.

Categoria	Gato	Cão
Intriga vs. Clareza	Adora intrigas	Adora clareza

Como os "cães" querem ser felizes, eles visam à clareza. Como os "gatos" gostam de ser intrigados, eles têm uma maior tolerância para com a ambigüidade. Nas Forças Armadas, de modo geral um resultado é afunilado sem o método de obtê-lo. Para os cachorros, isso é mentalmente complexo e emocionalmente perplexo. Os gatos sentem-se honrados por serem confiados para descobrirem os "meios" criativos em seus próprios termos.

Uma estratégia comum na hipnose é a técnica da confusão. A mente consciente é como a parte canina que todos nós temos – ela quer entender. A mente consciente focará em algo que não faz sentido, pelo menos por um intervalo de tempo. Então, algo mais aparece que demanda nosso foco e abandonamos o foco anterior. A mente inconsciente jamais desiste de ponderar; ela é como o sistema operacional de um computador que se mantém em atividade no plano de fundo e nunca pára. A mente inconsciente quer fazer sentido e continuará a "atacar" tudo aquilo que não for claro e integrado. Isso explica o motivo de podermos dirigir um carro (a mente consciente) e, "inesperadamente", surgir um pensamento referente a algo que ocorreu há duas horas ou duas semanas (a mente inconsciente).

Ilustração: Diretrizes de *Brainstorming*

Bárbara tem diretrizes definidas a respeito do *brainstorming*. CONVIDE "GATOS". Por quê? Pelo fato de eles se entreterem com idéias absurdas por mais tempo, enquanto os "cachorros" querem adotar cada idéia e, linearmente, descobrir como seria a implementação do conceito. Naturalmente que trabalhar com "gatos" nem sempre é uma tarefa simples. Como esses animais são confiáveis e críticos, a tarefa do facilitador em uma sessão de *brainstorming* é impedir que os "gatos" discutam os méritos das idéias.

A segunda diretriz de Bárbara para *brainstormings* é fazer intervalos para distração. Isso inclui caminhadas aeróbicas, refeições, atividades sociais (favoritas: charadas, Balderdash™, Hilarium™, Password™, Catch Phrase™). Ela nem sempre tem permissão, mas quando lhe dão "sinal verde", Bárbara efetivamente estimula meditação e sonecas durante o expediente (*power naps*).

Bárbara na realidade tem uma terceira regra para *brainstormings*: envolver os "cães" nessas sessões justamente antes de feriados. De modo geral, "cachorros" são pensadores convergentes – eles buscam isolar-se. (No entanto, a sociabilidade desses animais faz com que desviem-se desse comportamento.) Durante certas datas, tais como antes de um feriado (por exemplo, Natal, final de semana do Memorial, 4 de julho, Dia do Trabalho), esses animais aumentam a capacidade de ter idéias criativas. Eles são mais parecidos com os "gatos", que são pensadores dotados de um maior grau de divergência.

Categoria	Gato	Cão
Desculpa	Sobre o que você está falando!	Iniciará ainda que não for erro seu

O compromisso de um "cachorro" com a harmonia jamais termina. Eles desejam paz e coesão. Se houver uma fissura entre pessoas, esse animal apresentar-se-á espontaneamente para inicialmente contatar e buscar resolução via pedido de desculpa. O "gato", de modo geral, ignora o fato de que há um rompimento. Um outro modo de dizer isso é "No boxe acertar um oponente abaixo da cintura é uma violação". Isso porque as pessoas são extremamente vulneráveis abaixo da linha de cintura. Assim, também, todo mundo tem uma linha de cintura emocional invisível. A diferença é que os "cães" a têm muito mais alta – eles têm maior sensibilidade sobre muitas coisas. O "gato" tem uma linha de cintura muito mais baixa e lhe falta consciência sobre as linhas de cinturas dos demais.

Ilustração: Desculpar-se?

Nos piqueniques patrocinados pela empresa, Cathy e Devon tinham uma interação incompleta, que poderia ser melhor descrita como embaraçosa. Do ponto de vista de um estranho, o intercâmbio afetava muito mais a Devon do que Cathy. Devon preocupava-se com isso durante toda a noite, de modo que nem o café matinal nos domingos causava seu despertar pleno. Quando chegava meio-dia, Devon telefonava para Cathy. Para ajudar no diálogo, ele começava com "Cathy, se houve qualquer coisa de minha parte que provocou rugas, quero desculpar-me". Muito embora Devon pensasse que Cathy estava totalmente errada, ele tinha esperança de que ao abrir generosamente com esse prefácio, a ligação possibilitaria para Cathy a oportunidade para ela se desculpar.

A resposta de Cathy: "Devon, eu nem mesmo pensei duas vezes sobre aquela conversa", resultava em que o próprio Devon ficasse ainda mais confuso. Ele sentia-se duplamente incomodado. Devon não tinha feito nada no piquenique, se bem que fosse a parte que se desculpava.

Tendo-se recuperado da resposta de Cathy, ele fez uma nova tentativa: "Às vezes dizemos coisas que não têm qualquer relação com o que está realmente ocorrendo. Há alguma questão que ficou em aberto entre nós sobre a qual devemos conversar?".

Cathy diz: "Devon, obviamente você refletiu sobre isso muito mais do que eu. Nada me surgiu à mente".

Dentro de um minuto, eles tinham desligado o aparelho. Passada meia hora, Devon estava emocionalmente desgrenhado a ponto de sua esposa fazê-lo sentar e perguntar qual era o problema. Durante o exame de consciência, Devon concluiu que havia um padrão de Cathy sempre o menosprezar e de ela não ter ciência de que procedia dessa forma.

Categoria	Gato	Cão
Níveis de aprendizado	Atraído e inspirado por aptidões complexas	Refina antigas habilidades e domina novas

O aprendizado adulto em uma sala de treinamento pode ser visualizado como tendo quatro níveis. Os "cães" gostam dos dois primeiros níveis e os "gatos" do último. "Cães" ambiciosos e "gatos" pacientes são atraídos para o terceiro nível.

1. Refino: Fazer lembrar os participante do que eles já sabem. É equivalente à habilidade descrita por Stephen Covey de "manter a espada afiada" (7 *Habits of Highly Effective People*).

2. Domínio: Aprendizado de uma nova habilidade, prática na sala de treinamento e, de fato, capacidade na sua execução.

3. Introdução: Praticar uma técnica que necessitará ser praticada fora da sala de treinamento, de modo a ser dominada.

4. Inspiração: Demonstrar uma série de estratégias complexas que atualmente estejam além da capacidade de prática dos participantes, mas no contexto de seu alcance perceptivo. Este é o nível em que o instrutor mostra o que é humanamente possível.

Os participantes "com características caninas" são atraídos para o primeiro e segundo níveis de aprendizado, e têm de ser estimulados para passar pelas fases até atingir o quarto nível. Os "dotados de características felinas", que gostam de ser provocados, ficam intrigados com o quarto nível de aprendizado e é preciso recordá-los de que, eventualmente, irão aprender essas técnicas se prestarem atenção no segundo e terceiro níveis de aprendizado.

Ilustração: Flexibilidade

A líder favorita de Bárbara para palestras é Michelle. Ela ministra os quatro níveis de treinamento. Bárbara e Michelle desenham treinamentos com base no número de "gatos" ou "cães" dos grupos, o que, de modo geral, é determinado pela seleção dos departamentos participantes. Quando Michelle tem a "companhia de pessoas que mesclam os dois tipos de animais", ela literalmente coloca as habilidades do nível avançado em *flip-charts*, na parede lateral da sala de treinamento. Se a sala é constituída na maior parte por "cachorros", ela passa mais tempo na sua parte dianteira. Quando a atenção-chave dos "gatos" começa a diminuir, ela passa gradualmente para o lado lateral da parede e move-se rapidamente entre a platéia com uma extrapolação sofisticada das habilidades correntes, mais simples do que ela está ensinando na frente da sala. Depois de um intervalo de tempo, a parede lateral torna-se a Meca para os "gatos". De fato, em certas ocasiões ela meramente dá alguns passos na direção lateral da parede e, enquanto olha para ela, medita em voz alta "Vocês devem estar perguntando-se como uma habilidade como essa, aparentemente tão simples, será o alicerce para uma estratégia mais avançada?".

Se a sala está repleta de "gatos", Michelle abre o programa revelando alguns movimentos muito sofisticados. No passado ela trabalhara com o departamento de Vendas. Vendedores bem-sucedidos têm a roupagem externa de um "cachorro". Bárbara refere-se a esses astros gregários "como pessoas que jamais encontraram um estranho". No entanto, internamente, eles são "gatos" auto-suficientes. Eles têm de lidar com as rejeições provenientes de "chamadas frias". Sabedora de que as estrelas têm de ser provocadas, ela solicita três voluntários com quem jamais teve algum tipo de contato. Eles aparecem entre os membros da parte dianteira da sala. Michelle avança para descrever os valores, crenças, estilos de pensamento de cada membro quando eles estão nos seus pontos fortes e o que observar quando estão estressados. Certamente, ela age assim baseada no *Diagrama de Correlações entre "Cães e Gatos"* que você está lendo no momento. Quando a platéia de Michelle toma conhecimento de que ela tinha algo que eles não tinham e desejavam, ela consegue prosseguir.

A manobra foi uma gigantesca obra de sedução, visto que o programa não era sobre interpretar pessoas, mas sim sobre o papel da burocracia – a "perdição" para as estrelas orientadas das pessoas. Ela explicara que o preenchimento do "Formulário de Informações sobre o Cliente" os auxilia nos registros de informações importantes sobre os mesmos. Ela os faz recordar de como era o sentimento quando Bárbara não apenas envia cartões de aniversário, mas também notas de apreciação individuais nas celebrações de anos dos que estão na companhia. Ela termina a apresentação com essa citação provocadora "Vocês são bons demais para não serem melhores".

Categoria	Gato	Cão
Processo de tomada de decisões	Adora decidir	Preferiria apenas coletar informações

Um dos meios mais simples de saber como os grupos atribuem valor a seus membros "dotados de características felinas e caninas" é visualizar dinâmica de grupo durante o processo de tomada de decisões. Esse processo é constituído de quatro fases:

Coleta	Avaliação	Decisão	Implementação

Para nossos propósitos, a correlação entre um *gato*, indivíduo esse que tem um padrão de voz *confiável*, e um indivíduo que atua segundo sua *posição* é tão alta que os termos são intercambiáveis. A voz crível do gato é interpretada pelos outros como se estivesse enviando informações. Similarmente, os rótulos que um *cão*, indivíduo esse que tem um padrão de voz acessível, e um indivíduo que atua segundo sua *pessoa* guardam toda a sinonímia. A voz acessível é percebida como se estivesse buscando informações.

Durante a fase de Coleta, quanto maior o número de informações pertinentes, melhor. Os ativos da pessoa de voz acessível são bem-vindos, uma vez que esse tom de voz obtém mais informações. Durante a fase de Decisão, a voz *confiável* tende a transpirar a definitividade, que normalmente é valorizada. Não se trata de uma pequena coincidência o fato de que a voz gutural dos homens e a natureza rítmica natural da voz das mulheres agreguem a percepção cultural de que essas últimas obtêm mais informações do que os primeiros. Inversamente, os homens são vistos como mais definitivos. Cada vez mais o passar do tempo nos informa que os papéis que os homens e as mulheres desempenham em reuniões reforçam esses pontos. O fluxo de informações[39] é mais abundante se mulheres estiverem atuando como facilitadoras[40].

Atingem-se decisões com mais rapidez quando quem preside são os homens. John Gray, em *Men are from Mars, Women are from Venus*, e Deborah Tannen, em *You Just Don't Understand*, estão afirmando que o homem moderno é habilitado, e até às vezes estimulado, a mudar do padrão *confiável* de envio de informações para o padrão *acessível* de procura de informações. Essa mudança efetivamente agrega aos seus apelos sexuais. Eles são os "Caras da Nova Geração, Sensíveis". Nossa sociedade ainda não tem muitos elogios ou descrições positivas para as mulheres que mudam do padrão *confiável* de envio de informações para o padrão *acessível* de procura de informações.

Um modo de prever que participantes serão valorizados durante cada fase é estudar os tons de vozes dos *players*. Os "gatos" têm vozes constantes, com uma entonação que desce no final, e são rotulados de *confiáveis* (⎯⎯↘). Os cães falam com uma voz rítmica, com uma entonação que sobe no final, e são rotulados de *acessíveis* (∧∧↗).

Cultura

Sob uma perspectiva de dinâmica de grupo, se há um domínio da voz *confiável* do "gato" durante a fase de Coleta, ela é rapidamente abandonada, e inicia-se a fase de Avaliação e, especialmente, a de Decisão. Na cultura dos felinos, que enfatizam exageradamente as vozes *confiáveis*, o grupo é definitivamente rápido para chegar a uma decisão. É sempre questionável se os "gatos" conseguiram coletar informações apropriadas. Quanto mais um comitê é composto de posições de alto nível (por exemplo, pessoal, profissional e distrital), maior a ocorrência desse modelo. Para os "gatos", economizar tempo é geralmente mais importante do que a validade da decisão.

Coleta	Avaliação	Decisão	Implementação
Pessoas orientadas à credibilidade			

Se as vozes *acessíveis* dos "cães" são valorizadas e estão presentes ativamente durante a Coleta de Informações, essa fase é acolhida por mais tempo e mais informações são obtidas. A cultura dos "cachorros", que favorece a ponta acessível da série contínua de vozes, tende a protelar a entrada nas duas fases seguintes pelo receio de que a decisão possa ofender ou fazer imposições sobre indivíduos.

Coleta	Avaliação	Decisão	Implementação
Pessoas orientadas à acessibilidade			

Os "cães" não querem sair da fase de coleta. Isso porque quando se preparam para avaliar e decidir em um plano de ação, eles pensam em uma pessoa que poderia ser afetada adversamente pela decisão. Em contrapartida, os "gatos" se apressam para atingir as fases de avaliação e decisão. Pessoas que conseguem controlar a pressão com facilidade, tais como a responsabilidade de decidir, são promovidas e lhes são repassados mais desafios.

Em grupos em que estão ativamente presentes tantos as vozes *confiáveis* dos gatos como as *acessíveis* dos cães, estes últimos são extremamente procurados durante a fase de Coleta e descartados durante a fase de Avaliação e, especialmente, de Decisão.

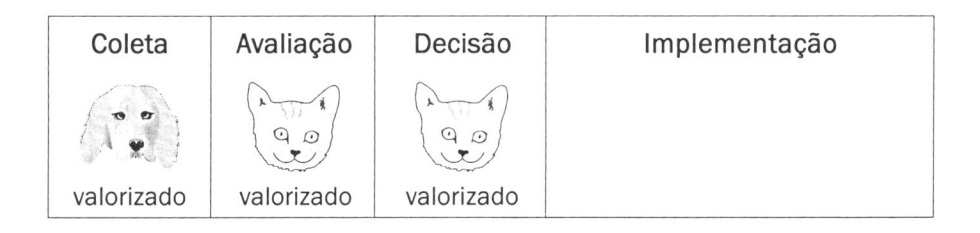

Coleta	Avaliação	Decisão	Implementação
valorizado	valorizado	valorizado	

Nem "cães" tampouco "gatos" são bons na tomada de decisões. Os primeiros porque jamais decidem sobre algo ou porque ficam tão envergonhados do que finalmente decidiram que simplesmente não acompanharão como outras pessoas poderão ser tão afetadas negativamente pelas suas decisões. Os "gatos" ficam tão ocupados com a próxima série de decisões que estão tomando que não têm tempo de conferirem como a última série de decisões foi levada a cabo. Conforme dito por Peter Senge, "nós não sabemos o efeito de nossas ações"[41].

Ilustração: As Quatro Fases

Bárbara descobre durante seu *check up* médico anual que tem uma condição médica que a obrigará a interromper seus trabalhos na posição de CEO. Reservadamente, ela negocia uma manobra surpresa com a diretoria. Ela permanecerá como diretora-executiva titular, de modo a manter o poder de veto enquanto seus dois vice-presidentes, na realidade, administrarão a empresa.

Carl aceita bem o aumento de poder ao passo que Donald tem de ser tranqüilizado de que merece tal avanço. Para equilibrar os dois, Bárbara promove Devon, um *dot*, para assistente especial de Carl, e Cathy, uma *cag*, para assistente especial de Donald. Devon é suficientemente forte para suportar a pressão de Carl e Cathy, bastante gentil para dar ouvidos ao estilo autodesaprovador de Donald. Bárbara despacha todos os quatro funcionários para um retiro. Ela abre as sessões com uma citação de Paul Henderson, da Hewlett-Packard:

"Apenas é agregado valor quando as pessoas trocam informações ou tomam decisões. Muito se tem escrito sobre o compartilhamento de informações e muito pouco sobre a tomada de decisões".

Bárbara explica que todos os dias eles serão engajados em processos de tomada de decisões. As quatro fases do processo são: Coleta, Avaliação, Decisão e Implementação de informações. É imperativo que eles entendam se um "gato" ou um "cão" será avaliado durante cada uma das fases. As questões principais a serem focadas serão:

• Como grupos de "gatos" lidam com o processo de tomada de decisões?

• Como grupos de "cães" lidam com o mesmo processo?

- Quando tanto "gatos" como "cães" formam o grupo, por que os "gatos" dominam desproporcionalmente em relação à sua quantidade?

Ela expõe, "É óbvio que 'gatos' são mais promovidos do que 'cachorros'". De fato, as iniciais de um Diretor-Executivo (DE) são as mesmas encontradas na terceira e segunda fases do processo de tomada de decisões: *Deciding* (Decisão) e *Evaluating* (Avaliação). Essas duas competências, avaliação e decisão, são as habilidades essenciais para que vocês sejam líderes de sucesso.

Se, todavia, vocês desejam ser líderes carismáticos, desenvolvam-se para entender que as "pessoas-cachorro" vivem segundo a Regra de Ouro de tratar os outros assim como querem ser tratadas. Os cães têm excelentes modos ou podem ser facilmente treinados para terem. Quando um grupo de cães se envolve em um processo de tomada de decisões, eles compartilham o microfone invisível. Se um diz para o outro "Como você está?', aquele que recebeu a pergunta imediatamente responderá "E você, como está?". Implícito na Regra de Ouro é que os demais irão tratá-lo da maneira como vocês os tratam – o que é verdadeiro para "pessoas-cachorro", mas não para "pessoas-gato".

Para liderar 'pessoas-gato', os líderes carismáticos querem mover-se para além da Regra de Ouro, ou até a Regra de Platina: trate os outros do modo como eles devem ser tratados. Sempre tenha algo que os gatos "queiram". Às vezes isso é atingido apenas por sermos esquisitos. O truque é parecer normal para os "cães" e ser percebido como diferente para os "gatos".

Bárbara conclui as sessões do retiro sobre a diferença entre líderes e líderes carismáticos apresentando duas fotos geradas por computador. A foto de Carl tem o lado direito de seu rosto composto pelo de Devon. A foto de Donald tem seu lado facial esquerdo composto pelo de Cathy.

Resumo

Muitas das ilustrações concentram-se em Carl, o "gato", e Donald, o "cão". Eles são os vice-presidentes de uma empresa petrolífera de porte médio. Barbara, a superior que equilibra os dois, é a CEO. Como leitores, podemos identificar-nos com várias situações retratadas. Diversos conceitos e suas ilustrações emblemáticas merecem nossa segunda verificação:

- Daqueles funcionários que supervisiono, quão bem consigo equilibrá-los conforme feito por Bárbara?

- Como posso extrair o melhor tanto de meus "gatos" como de meus "cachorros"?

Os conceitos de *piloto-posição* e *comissário de bordo-pessoa* (pág. 71) acrescentam sinônimos ao nosso dicionário envolvendo "cães" e "gatos":

- Em que situações sou um *gato/piloto* e quando sou um *cão/comissário de bordo*?

- Em quais situações posso ser eu simplesmente e em quais situações, intencionalmente, devo ser mais flexível?

O *timing* de nossa intervenção como gestores depende da cultura do grupo (págs. 85-89):

- Qual é o meu estilo? Ele naturalmente se adapta à(s) cultura(s) em que atuo?

- Como a citação "É perigoso gerir com base em minha personalidade canina" se aplica a mim?

A respeito da Regra de Ouro (pág. 91), ser agradável para um "gato" em antecipação a um "gato" ser agradável como resposta é tão lógico quanto o toureiro dizendo ao touro que ele é vegetariano[42].

Consenso é um modelo de tomada de decisões baseado em qualquer pessoa que tenha habilidade igual de persuadir as demais. Todavia, sabemos que os elementos não-verbais de um "gato" impõem mais do que os elementos não-verbais de um "cachorro". O conceito do proponente (pág. 92-94) revela como a influência de uma pessoa está conectada às fases do processo de tomada de decisões:

• Qual o nível do meu reconhecimento sobre minhas "tendências caninas e felinas"?

• Qual o nível do meu reconhecimento e acomodação das "tendências caninas e felinas" em outras pessoas?

A idéia de "Cães e Gatos" (pág. 102) expande o conceito entre "cães e gatos":

• Em que ponto eu me posicionaria na série contínua integral "cão-*dot-cag*-gato"?

• Com que tipos de pessoas eu me relaciono melhor?

Entender o item "Desculpa" (pág. 105) ajuda a minha "parte canina" a não ser ofendida pessoalmente pela ignorância dos "gatos":

• Com que pessoas estúpidas de meu mundo me sinto magoado?

• Onde em meu mundo eu poderia estar cego e ferir outras pessoas?

Anotações

Capítulo 5

Separação de Animais

Um líder carismático tem altas expectativas e grandes relacionamentos

Este livro, *Carisma – A Arte dos Relacionamentos*, serve de esboço para o desenvolvimento de líderes carismáticos por meio de relacionamentos. Este trabalho corre paralelo aos comportamentos surpreendentemente análogos aos observados em animais de estimação. Não há nada intrinsecamente bom ou ruim sobre a natureza cooperativa e complacente dos "cães" ou a independência, e, no geral, falta de ciência em relação aos outros, dos "gatos".

O contexto determina a conveniência dos comportamentos. Desejo ser flexível no desenvolvimento de relações pessoais com os "cachorros" e trabalhar relacionamentos com os "gatos". Também, ao gerenciar, desejo saber como preservar esses relacionamentos.

Toda vez que uma série de comportamentos é rotulada, há o perigo de generalização. Obviamente, as pessoas são complicadas. Não existem propriamente só "cães" nem só "gatos". Ao mesmo tempo, modelos comportamentais nos assistem no reconhecimento de padrões de comunicação.

O *Carisma* sofre as desvantagens das generalizações e, no entanto, como um modelo devidamente testado, ajuda-nos a saber o que esperar em interações e nos libertar do risco de sermos constantemente surpreendidos pela vida. Os modelos comportamentais aumentam nossa capacidade de formar e manter relacionamentos com uma ampla variedade de pessoas.

Os exercícios deste livro são ferramentas para a pessoa tornar-se um líder poderoso; indivíduo esse que transpire carisma. Eles são parte do trabalho do autor sobre inteligência não-verbal – a habilidade de reconhecer, rotular, prever e responder adequadamente aos padrões de comunicação. Líderes com inteligência não-verbal não proativos.

Comunicadores efetivos sabem o que, provavelmente, acontecerá *antes* de que aconteça; portanto, eles têm mais opções para lidar com situações e relacionamentos desafiadores.

Por exemplo, se estou envolvido com um comitê e consigo reconhecer a sua composição de animais, saberei o que provavelmente ocorrerá. Quero prestar atenção aos meus relacionamentos com diferentes membros, bem como aos relacionamentos entre os membros.

Consigo prever quem provavelmente dominará essa reunião. A dominação ajuda ou não? Se não, ao ajustar meus comportamentos consigo influenciar os resultados. Visto que a realidade é mais complexa do que generalizações, quero permanecer alerta aos participantes de cada reunião.

Como os cães e gatos surgem sob várias formas diferentes, é útil considerar a analogia entre cães e gatos como uma séria contínua.

Gato/Posição
"+"
                    Siamês
              Birmanês

Cão/Pessoa "+" ─────────────── "−"

         Pastor Alemão
      Golden Retriever   "−"

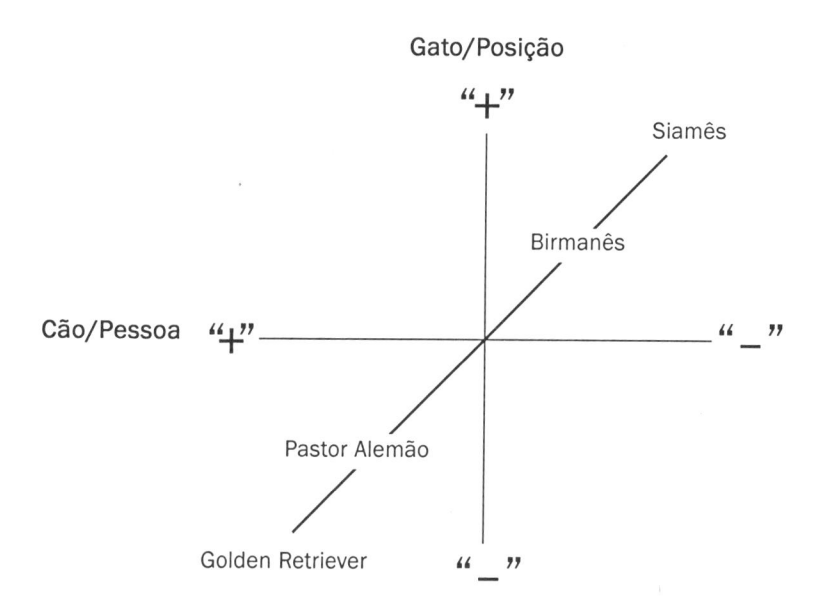

O golden retriever vive para agradar. Não é esperado que ele nos proteja. O pastor alemão é essencialmente um cão com algumas características felinas – e sua função é de proteger. Se você não tem espaço suficiente para acomodar um cachorro e, no entanto, ainda queira um animal de estimação que goste de buscar coisas, compre um gato birmanês. Essa raça é essencialmente a de um gato com alguns traços caninos.

Enquadramos os indivíduos na série contínua com base em comportamentos semelhantes aos de cães e gatos. Pessoas mais próximas da ponta referente aos cães exibirão mais tendências parecidas com as de um cachorro. Estabelecer um relacionamento com elas é fácil.

Dê a elas o que querem – um relacionamento pessoal com você. Dê a elas atenção direta e agradeça-lhes por sua lealdade e dedicação. Pelo fato de você apreciá-las, elas seguirão sua liderança. Não há necessidade de comandá-las – peça simplesmente um favor e elas irão adorar a oportunidade de realizá-lo para você.

Similarmente, as pessoas mais próximas da ponta referente aos gatos exibirão mais tendências parecidas com as de um gato. Estabelecer um relacionamento com elas é mais problemático. Dê a elas o que querem – o que não é um relacionamento pessoal conosco. Será prestígio? Destaque? Posição? Notoriedade? *Expertise*? Assim que você souber o que querem, indiretamente lhes dê uma parte disso.

Estratégias provocativas têm o melhor efeito sobre elas. Evite comandá-las – elas não reconhecem ninguém como superior.

Tão interessante quanto posicionar um indivíduo na série contínua, o verdadeiro benefício da analogia é descoberto quando perguntamos: "Qual é a distância entre o ponto em que está um indivíduo e a posição da pessoa com quem ele está interagindo?".

Aqueles que se encontram numa proximidade mútua se dão melhor entre si, pois têm "funções felinas e caninas" menos distintas. Os que se encontram mais afastados mutuamente serão comparáveis às suas contrapartes no reino animal.

Por exemplo, um golden retriever interagindo com um pastor alemão tem um alto grau de compatibilidade, assim como aquele último com o gato birmanês. Não pergunte sobre um gato siamês e um birmanês. Os gatos siameses desconhecem que exista alguma outra pessoa importante.

Até um gato pode tornar-se parecido com um cachorro na presença de alguma pessoa que tenha "tendências felinas" (Presencie o vice-presidente mão-de-ferro que se torna dócil e submisso quando um "gato" CEO lhe faz uma visita).

As implicações disso são profundas. Desde que eu tenha uma "parte canina e outra felina" em mim, consigo acessar inúmeros comportamentos. Se minha posição normal é distante da posição de outra pessoa, provavelmente teremos dificuldades na nossa comunicação.

Ao mudar como me comporto, posso promover meu próprio sucesso bem como o sucesso dos grupos a que pertenço. Em lugar de exigir pelo poder, estou influenciando por meio de relacionamentos. Eu sou capaz de ser mais compreensível, dar-me melhor com as outras pessoas e utilizar seus pontos fortes.

Poder e Influência

> *Estamos inadvertidamente entusiasmados com a influência do poder. E precisamos entusiasmar-nos com o poder da influência.*

Quando os leitores refletem sobre o conceito envolvendo cães e gatos, eles normalmente gravitam para os descritores dos cachorros. Há duas razões para essa atitude, e ambas fluem a partir dos pontos fortes desses animais. A maioria das pessoas gosta de ser admirada e prefere atuar com base na influência.

O Dr. Warren G. Bennis, presidente da Stanford, captura o desapontamento de alguém que é finalmente promovido para o escalão mais alto da hierarquia corporativa: "Eu percebi uma importante verdade pessoal. Jamais serei plenamente feliz com o poder posicional, o único tipo de poder que uma organização pode conceder. O que realmente desejava era um poder pessoal – a influência".[43]

A visão de um mundo governado pela influência nos inspira. A canção de John Lennon "Imagine" resume essa esperança. No entanto, uma gestão pela influência não é suficiente. O sucesso duradouro depende da presença de poder no plano de fundo.

Dessa maneira, um indivíduo pode ter muita influência, talvez sob a forma de cooperação para a organização ou de um recurso indispensável para a saúde do grupo. E, no entanto, essa pessoa ainda precisa ter o suporte da autoridade e a disposição de utilizar o poder quando necessário para ter um carisma verdadeiro. Os líderes carismáticos atuam com base na influência; além disso, eles são confortáveis na mudança para o poder quando a situação pedir.

A gestão pela influência requer o apoio de um sistema disciplinar que seja claro, consistente e conhecido. Um dos modos mais rápidos de destruir uma gestão pela influência é quando a gerência nos altos escalões não suporta o uso ocasional de uma ameaça ou ação disciplinar apropriada de um gerente. Se faltar o suporte dos escalões acima, os degraus abaixo operam no vazio. A incerteza provoca destruição.

> *Influência mais poder (utilizados criteriosamente) resultam no carisma.*

Aprendizado

Embora os exercícios neste trabalho sejam ferramentas para uma pessoa se tornar um líder carismático, cada um de nós individualmente seleciona o nível de carisma que desejamos.

Quando as pessoas expandem seus repertórios, há uma curva de aprendizado. Inicialmente, sentimo-nos desajustados. Não sentimos como se fôssemos nós mesmos. Isso é especialmente válido quando aprendemos a escolher o nível apropriado de "características felinas e caninas". Após praticarmos uma nova habilidade por um tempo, o comportamento fica mais familiar e começamos a nossa auto-redefinição.

Para se tornarem carismáticos, os "cães" têm de dar a si mesmos permissão para a prática de autoridade posicional e credibilidade. Os "gatos" devem tornar-se humildes e vulneráveis, deixar aflorar suas personalidades e praticar acessibilidade.

Há uma história que nos traz conforto e nos faz rir à medida que aprendemos a expandir nossa auto-imagem. Charles Chaplin, o famoso ator do cinema mudo, estava passando férias na Riviera Francesa. O resort mediterrâneo em que ele estava hospedado estava sediando uma competição para encontrar pessoas parecidas com ele. Chaplin entrou no concurso e obteve o terceiro lugar.

Michael Grinder

Balanço – Meu Relacionamento Comigo Mesmo

Muitas pessoas podem ter lido inicialmente este livro cujo tema é carisma e relacionamentos e pensado sobre nosso mundo profissional. Todos nós somos afetados pelo nosso próprio estilo ou pelo estilo de outras pessoas de liderança.

Talvez ainda nos surpreendamos quando encontramos benefícios no entendimento de uma melhoria de nossos relacionamentos com nós mesmos – especialmente nossa necessidade profunda de amor e privacidade (Estude o diagrama genealógico da pág. 11).

Cada pessoa tem "aspectos caninos e felinos". Equilibramos nossas vidas quando temos contextos que suportam a "liberação para fora dos gatos e cães que existem dentro de nós". Este equilíbrio é mais fácil quando a pessoa evocada no trabalho é diferente daquela que emerge na vida pessoal. Se, no trabalho, temos todas as características de um "gato", então queremos voltar para casa e recarregar nossas baterias pelo aumento de nossa "porção canina".

Independentemente de como somos valorizados pela nossa atuação como solucionadores de problemas no trabalho, nossa parceira no lar quer amar um ser humano vulnerável. Resolver as situações em casa nos faz apreciados, não amáveis.

Pode ser difícil para o "gato" perfeccionista deixar que outras pessoas se ocupem com as tarefas domésticas. Pode ser difícil para eles morderem suas línguas quando uma tarefa for feita fora de seus padrões. Pode ser difícil para eles resistirem à tentação de refazerem o serviço.

E, no entanto, é imperativo que os "gatos" assim procedam. Um "gato" experimenta uma maior liberdade ao saber que a excelência não requer a perfeição e que a humildade realmente é uma virtude. Ser capaz de ir para casa e aliviar alguns fardos, retirar o manto das responsabilidades dos ombros e poder desabafar são fatos essenciais para uma saúde melhor.

Algumas pessoas se comportam essencialmente como "cães" no trabalho. Ao aumentar nossa "porção felina" na nossa vida pessoal, temos um reino em que somos os líderes. Podemos exercitar nossas ambições e nos sentirmos empoderados. Podemos liderar com conhecimento, habilidades e *status*.

Eu e Gail somos parceiros de empreendimentos. Moramos em uma fazenda arborizada de nove acres. Uma das melhores coisas que fizemos foi a de mudar o escritório para um lugar externo à nossa casa.

Convertemos nosso galpão para os cortadores de grama em nossa sede. Os trinta degraus que separam a porta dos fundos da casa até a porta dianteira do escritório são uma jornada entre dois mundos. No escritório, eu sou a pessoa líder, inovadora e, freqüentemente, aleatória.

Adoro explorar, sonhar e imaginar "E se?". Gail é estável e consegue arrumar o caos que eu promovo. Ela estabiliza processos, executa planos e tem uma voz na recepção aos clientes que acolhe agradavelmente todos os que fazem ligações telefônicas. Em casa, revertemos os papéis.

Gail é totalmente criativa na cozinha. Nós não comemos meras refeições; comemos seu prato artístico mais recente. Ela é uma "gata" cozinheira – procura vivenciar o máximo quando há a minha companhia. Eu fico contente em limpar e lavar pratos.

> *Se você é um "cão", bastante afortunado para descobrir um modo de vida que goste, desejamos a você coragem para sentir-se merecedor de vivê-la.*

> *Se você é um "gato", suficientemente ingênuo para se esforçar por um modo de vida que goste. Desejamos a você vulnerabilidade para compartilhá-la.*[44]

Michael Grinder

Quando Crianças se Transformam em Gatos

por Adair Lara[45]

Acabei de concluir que enquanto crianças se comportam como "cães", leais e afetuosos, adolescentes se comportam como "gatos".

É tão fácil ser dono de um cachorro. Você o alimenta, treina e o controla, e ele coloca a cabeça entre seus joelhos e olha fixamente para você como se fosse uma pintura de Rembrandt.

Ele o segue por todas as partes, elimina o pó mastigando as capas dos livros da série dos Grandes Autores da Literatura se você fica muito tempo numa festa, e salta para dentro da casa com entusiasmo quando você o chama do quintal.

Então, um dia, em torno da idade de 13 anos, seu adorável cachorrinho se transforma em um gato grande e velho. Quando você o chama para entrar na casa, ele parece assustado, como se perguntando quem morreu e fez de você um imperador.

Em vez de perseguir suas pegadas, ele desaparecerá. Você não o verá novamente até ele ficar faminto, quando dará uma pausa, suficientemente longa, na sua corrida pela cozinha para desprezar qualquer coisa que você lhe sirva.

Quando você conseguir tocá-lo para desmanchar seus pêlos da cabeça, naquele gesto afetivo antigo, ele dará uma guinada afastando-se de você, depois lhe lançará um olhar vazio, como se tentasse lembrar onde o viu antes.

Ele às vezes adormece logo depois do café da manhã. Ele pode enrijecer-se para a comunicação necessária a fim de ter a porta traseira aberta ou para receber em mãos as chaves do carro, mas até essa parcela de dependência agora é desagradável.

Chocado, mais do que uma pequena mágoa, você têm duas opções. A primeira – e a única escolhida por muitos pais – é que você pode continuar a se comportar como um dono de cachorro. Afinal de contas, seu coração ainda se inflama quando você olha para o seu cão, você ainda quer a companhia dele, e, naturalmente, quando você ralha com ele para que pare de cavar os arbustos da roseira, você ainda espera que ele lhe obedeça rapidamente.

Agora, certamente, tornando-se um "gato", ele *não presta mais atenção*. Assim, você o empurra para o alpendre do fundo, ralhando com ele para pensar sobre a situação, senhor, e ele o olha com raiva, não se dignando a replicar. Ele quer que você admita que ele agora tem uma nova natureza, e que deve sentir-se independente ou então morrerá.

Você, não percebendo que o cão agora é um gato, pensa que algo está desesperadamente errado com ele. Ele parece tão anti-social, tão distante, tão deprimido. Ele não participará dos eventos da família.

Visto que você não foi o único que o criou, ensinou-lhe a pegar coisas, além de parar e sentar-se sob comando, naturalmente que você assume que, independentemente do que estiver errado, trata-se de algo que você fez, ou deixou de fazer.

Abarrotado de culpa e medo, você redobra os esforços para fazer com que seu animal se comporte bem.

Só que agora você está lidando com um "gato", de modo que tudo que funcionou antes gera no momento exatamente o oposto do resultado desejado. Chame-o, e ele dispara correndo. Diga-lhe para sentar-se, e ele pula sobre o balcão. Quanto mais você vai na direção dele, franzindo suas mãos, mais ele foge de você.

A segunda opção é ler e aprender o necessário para se comportar como dono de um gato. Ponha um prato de comida perto da porta e deixe-o aproximar-se de você. Se você deve emitir comandos, descubra o que ele deseja fazer e comande-o para fazer aquilo. Mas *lembre-se de que* um gato também necessita de afeto e de sua ajuda. Sente-se quieto e ele se aproximará, buscando aquele colo terno, confortante, que não foi inteiramente esquecido. Esteja presente para abrir a porta para ele.

Perceba que todos os donos de cachorros passam por isso, e poucos deles consideram uma experiência fácil. Eu sinto saudades do cãozinho que insistia que eu assistisse "Full House" com ele, e que no momento se fechou em um quarto com um aparelho de som e uma TV. A pequena cadela que me escrevera notas piegas e que no momento está retirando o revestimento de borracha da garagem do carro.

A única consolação é que se você agir corretamente, deixá-lo fazer o que quer, ser "bacana" como um próprio "gato", um dia ele irá adentrar a cozinha e lhe dará um grande beijo, sem deixar de dizer: "Você trabalhou tanto hoje, deixe-me lavar esses pratos para você". E, assim, você concluirá que ele se transformou novamente num cachorro.

Notas Finais

Nossa intenção é mencionar a origem das citações e conceitos. Se você descobrir algum descuido inadvertido de nossa parte, favor nos contatar no sites www.qualitymark.com.br ou www.michaelgrinder.com.

1. Walker, Donald. *Never Try to Teach a Pig to Sing*. São Diego, CA: Lathrop Press, 1996.

2. Autor desconhecido. Se você souber a fonte, queira nos informar para que possamos dar o crédito.

3. Dentinger, Ron. Em *Dodgeville, Wis., Chronicle*. *Reader's Digest*, agosto de 2000.

4. Wheatley, Margaret. *Leadership and the New Science*. São Francisco: Berrett-Koehler Publishers, 1992.

5. O filme é baseado no livro "Biografia do Presidente Harry S. Truman", de David McCullough, 1995.

6. *History of Niagara Falls*. William "Red" Hill, Sr. Famoso homem desafiador de perigos do Rio Niagara. Durante sua existência, recebeu 4 medalhas por atos de coragem da Royal Humane Society, 1888-1942.

7. David Livingston. Explorador e missionário escocês. Explorou intensivamente a África Central e exerceu uma influência que deu forma às atitudes ocidentais em relação a esse Continente, 1813-1873.

8. George Will, Comentarista da ABC News e colunista em várias publicações noticiosas, vencedor do Prêmio Pulitzer.

9. Solicitamos aos admiradores irlandeses para nos ajudar no rastreamento dessa fonte de modo que possa ser dado o crédito.

10. Grinder, Michael. *Science of Non-Verbal Communication*. MGA Publishers, Battle Ground, WA, págs. 53, 68-70, 1997.

11. Desenvolvido por Tim Dalmau (Austrália).

12. Antropóloga Patricia Phelan, mencionada durante uma conversa reservada, primavera de 2003, Portland, Oregon.

13. Powell, Colin e Persico, Joseph. *My American Journey*. Nova Iorque: Ballantine Books, 2003.

14. Mencionado para mim por um elegante executivo indiano certa feita quando eu estava num bonde em Londres.

15. Grinder, Michael. *Science of Non-Verbal Communication*. MGA Publishers, Battle Ground, WA, 1997.

16. Grinder, Michael. *Science of Non-Verbal Communication*. MGA Publishers, Battle Ground, WA, 1997.

17. George Miller. "The Magical Number Seven, Plus or Minus Two". *Psychological Review*, 1956.

18. Grinder, Michael. *Science of Non-Verbal Communication*. MGA Publishers, Battle Ground, WA, 1997.

19. Fisher, Roger e Sharp, Alan. *Getting it Done*. Nova Iorque: Harper Business, 1998.

20. Bateson, Gregory. *Steps to an Ecology of Mind*. The University of Chicago Press, 1972.

21. Famoso cientista e escritor de ficção científica.

22. Joseph Luft discute a janela em seu livro *Of Human Interaction*. Nova Iorque: National Press Books. O modelo é modificado para os fins específicos deste trabalho, 1969.

23. Desenvolvido por Becky Herndon e Seth Morris.

24. Todas as contribuições são bem-vindas: North County Community Food Bank (NCCFB), P.O. 2106, Battle Ground, WA 98604 (360) 687 5007.

25. "Uma voz amistosa" é composta de ondulação rítmica, com uma entonação que vai crescendo no final de frases e sentenças.

26. "Uma voz do tipo empresarial" é composta de ondulação regular, com uma entonação que vai diminuindo no final de frases e sentenças.

27. Um termo corporativo para uma posição inferior efetivamente influenciando um superior.

28. As pessoas tendem a ser promovidas para posições além de seus níveis de competência.

29. Frank Scully.

30. Diane Sawyer, ACB News Prime Time Live.

31. Powell, Collin e Persico, Joseph. *My American Journey*. Nova Iorque: Ballantine Books, 2003.

32. Kouzes, James M. e Posner, Barry Z. *Credibility*. São Francisco: Jossey-Bass Publishers, 1993.

33. Grinder, Michael. *Science of Non-Verbal Communication*. MGA Publishers, Battle Ground, WA, 1997.

34. *A Few Good Men*, Columbia Pictures, 1992.

35. Fisher, Roger e Ury, William. *Getting to Yes*. Nova Iorque: Penguin Books, 1981.

36. Conforme mencionado em *The Relationship Cure*, de John Gottman pág. 174. Nova Iorque: Crown Publishers, 2001.

37. Tuckman, Bruce. "Developmental Sequence in Small Groups" no *Psychological Bulletin*, 1965.

38. Desculpem-me, pois coloquei a pesquisa no lugar errado. Apreciamos ajudas sobre a fonte ou algo equivalente.

39. Uma das várias fontes é Herrmann, Ned. The Creative Brain. Lake Lure: Brainbooks, 1993.

40. Gray, John. *Men are from Mars, Women are from Venus*. Nova Iorque: Harper Collins, 1992. Tannen, Deborah. *You Just Don't Understand.* Nova Iorque: Ballantine Books, 1990.

41. Senge, Peter. *The Fifth Discipline*. Nova Iorque: Doubleday Current, 1990.

42. Walker, Donald. *Never Try To Teach A Pig To Sing*. São Diego: Lathrop Press, 1996.

43. Bennis, Warren G. *Managing People is Like Herding Cats*. Provo UT: Executive Excellence Publishing, 1997.

44. Pelo prazer de ver, confira o filme de 1996, *Truth About Cats and Dogs*, dirigido por Michael Lehmann.

45. Adair tem dois livros: *Welcome to Earth, Mom* e *At Adair's House*, 97 Scott St., São Francisco CA 94117.

Bibliografia

BATESON, Gregory. *Steps to an Ecology of Mind*. The University of Chicago Press, 1972.

BENNIS, Warren G. *Managing People is Like Herding Cats*. Provo, UT: Executive Excellence Publishing, 1997.

COVEY, Stephen R. *Seven Habits of Highly Effective People*. Nova Iorque: Simon & Schuster, 1989.

FISHER, Roger e Sharp, Alan. *Getting it Done*. Nova Iorque: Harper Business, 1999.

FISHER, Roger e URY, William. *Getting to Yes*. Nova Iorque: Penguin Books, 1983.

GOTTMAN, John. *The Relationship Cure*. Nova Iorque: Crown Publishers, 2001.

GRAY, John. *Men are from Mars, Women are from Venus*. Nova Iorque: Harper Collins, 1992.

GRINDER, Michael. *Science of Non-Verbal Communication*. Battle Ground, WA: MGA Publishers, 1997.

HERRMANN, Ned. *The Creative Brain*. Lake Lure: Brainbooks, 1971.

KOUZES, James M. e POSNER, Barry Z. *Credibility*. São Francisco: Jossey-Bass Publishers, 1993

LARA, Adair. *When Children Turn Into Cats*. San Francisco Chronicle, 1996.

LUFT, Joseph. *Of Human Interaction*. Nova Iorque: National Press Books, 1969.

MILLER, George. "The Magical Number Seven, Plus or Minus Two" na *Psychological Review*, vol. 63, 1956.

POWELL, Colin e PERSICO, Joseph. *My American Journey*. New York: Ballantine Books, 2003.

SENGE, Peter. *The Fifth Discipline*. Nova Iorque: Doubleday Current, 1990.

TANNEN, Deborah. *You Just Don't Understand*. Nova Iorque: Ballantine Books, 1990.

TUCKMAN, Bruce. "Developmental Sequence in Small Groups" no *Psychological Bulletin,* 1965.

Walker, Donald. *Never Try to Teach a Pig to Sing*. São Diego, CA: Lathrop Press, 1996.

WHEATLEY, Margaret. *Leadership and the New Science*. São Francisco: Berrett-Koehler Publishers, 1992.

Índice Remissivo

A codificação "NF" refere-se a Notas Finais.

A

Acomodação: Acomodadores
Níveis de acomodação 2, 5
A Few Good Men (NF) 83
Acessibilidade – veja
Padrões de Voz
Advogados 71
Alongando 89
Altas Expectativas 43
Ambição 18, 23, 68
  Americanos 90
  Austrália 75
  Canadenses 75
  Japoneses 88
  Nova Zelândia 75
Apple Computers 23
Arunta 39
As Quatro Fases 111
Ascendente 66
Ativos 59
Atletas 4, 21, 24, 25
Aumento da Flexibilidade 75
Auto-Imagem 11, 95
Autoridade 35

B

Balanço 123
Banco de Alimentação 59
Bateson, Gregory 47
Benefícios 2-3, 56
Bennis, Warren G. (NF) 121
Brainstorming 104

C

Cags 102, 112
Cags e Dots 102
Calibração 53, 60-63
Camaradagem 41
Canal do Panamá 19
Características
Carisma 1, 27-35
Carnegie, Dale 49
CART 18-27, 34
Cataratas do Niagara 19
Catnip (Poder Carismático) 41
Cérebro 45
Chaplin, Charles 122
Ciente de outros animais 74
Clareza 103
Clark, Arthur 51
Competição 77
Competindo por
Promoção 69
Comportamentos básicos 60
Confiança/Competência 68
Congruência 48-49,
Consistência 15
Sistematicamente inconsiste 15
Contexto 18, 58-59
Contratando 6
Controladores de
  tráfego aéreo 24, 96
Covey, Stephen 106
Credibilidade – veja
  Padrões de Voz

Crowe, Russell 38
Cruise, Tom 83
Cuidados 3
Cultura 4, 11, 110

D
D'Nile (*Deny*) 21
de Dominação 74, 91
de Uma Pessoa 51
Dentinger, Ron (NF) 128
Desafio 18, 19
Desculpa 105
Dettloff, Krista 59
Diagrama, Correlações 54-59, 67
Dilbert 2
Dinâmica de Grupo 87
Diretrizes de *Brainstorming* 104
Dodger e Mac 26
Dots 91, 102, 112, 115
Dr. Livingston 22

E
Earhart, Amelia 20
Easom, Fleur 11
Edison, Thomas 47
Egípcios 21
Einstein 103
Eixos 14-26
Ênfase 83
Erros 26, 47
Escola 22
Escrituras do Mar Morto 7
Esportes – veja Atletas
Estabelecendo Vínculos
e Interpretação
Estágios 23

Estilo de 86
Estresse 42, 82
Executores de Ponta 22, 95
Expectativas 11, 60
Extremas 83

F
F.A.L.O.W 15
Faça uma Pausa, Respire
  e Participe 44
Faça Valer Sua Posição 40
Família 11
Fazer mais do que se consegue 23
Final de Semana dos Dias
  da Colheita 59
Fisher, Roger 46, 85
Fisiologia 28-35, 42-51, 60-66
Flexibilidade 107
Flexibilidade 62, 75, 107
Forças Armadas 71, 103
Ford, Henry 101
Freud 54
Friesen e Ekman 89

G
Gandhi 85
Genealogia 11
General MacArthur 13
Generalização 118
Gestão 87, 114
Gesto de mão congelado 43
Gestos 43, 91
Getting it Done (NF) 46
Getting to Yes (NF) 84
Gottman, John (NF) 88
Gray, John 109

Grinder, Michael 53, 99, 123, (NF) 33, 43-44, 46, 82

H
Habilidades Caninas 28-30
Habilidades Caninas 32-35
Henderson, Paul 111
Herndon, Becky (NF) 56
Herrmann, Ned (NF) 109

I
Ícaro 20
Identificação Animal 9
Ilustrações
Imagine 121
Inatas 79
Incongruência 48
Independência 69
Influência 35, 52, 121
Ingham, Harry 53
Inglesas 44
Inteligência 42, 44
Intriga *vs.*, 103

J
Janela de Johari 53, 57
Jogos 104

K
Kouzes e Posner 73

L
Lara, Adair 125
Larson, Gary 25
Leadership and the New Science (NF) 5
Lendo (Interpretando) uma Pessoa 51

Lennon, John 121
Lewis e Clark 20
Líder 15
Lindberg, Charles 20
Luft, Joseph 53

M
Managing People is like Herding Cats (NF) 120
Master and Commander 38
McCullough, David (NF) 13
Médias 81
Men are from Mars, Women are from Venus 109
Menu de Opções 63
Metodologia da negação 25
Michael Jordon 24
Miller, George (NF) 45
Modelo comportamental 9
Modelos de Comunicação 38
Morris, Seth (NF) 56
My American Journey (NF) 40

N
Não Leia Este Livro! IX
Não-Verbal 118
Neurolingüística 53, 63-66
Never Try to Teach a Pig to Sing (NF) 1
Nicholson, Jack 83
Níveis de 90
Níveis de aprendizado 106
Níveis de Responsabilidade 12, 16-38
No Veterinário 79
Nós Descobrimos Petróleo 81
Notre Dame 26
Novidades 100

O

O Próximo Nível 77
O Vôo de Retorno para Casa 72
Obrigações 59
Ordenação pontual 3, 58
Os Andares 73
Outro Par de Olhos 94

P

Padrões (Tons) de Voz 29-35, 42, 45, 49, 72-73, 82-88, 90-94, 108-111
Pais 98-99
Papel de Pai 100
Paralisação da Gesticulação com as Mãos 43
Participar ou Não Participar 44
Patas 42-43
Pausa 43
Penicilina 19
Penney, J. C. 99
Pensamento sistêmico 5
Percepção 11
Perda de Qualidade 36-38
Perfeição 47, 95
Pessoas 83
Phelan, Patricia (NF) 40
PIG 87
Piloto/Comissário de Bordo 71, 114
Pilotos de carros de corrida 96
Pioneiros e Acomodados 20-22
Poder 35, 52, 76
Pontos de Comunicação 28, 30, 33, 48-49, 51, 62, 63, 91-92
Posição 14
Posição e Pessoa (Personalidade) 12-27, 114
Powell, Colin (NF) 40
Preparando Pessoas para a Promoção 97
Princípio de Pedro 68
Processo de tomada de decisões 29, 58, 111-113
Procurador 71
Promoção 17-18, 68, 76, 97
Proponente 91-93, 115
Propósito na Vida 100

Q

Quando Crianças se Transformam em Gatos, 125
Quando Estressado 84
Questionário 10

R

Recuperação 47
Red 19
Regra de Ouro (Dourada) 34, 91
Regra Platinada 113
Relacionamentos 6, 39-40, 51-52, 53, 56-57, 85
Resistência passiva 36
Respiração 44, 45, 64, 82
Responsável, ser 17
Revisão 21
Risco 24-25
Rompa e Respire 44-45

S

Sacajawea 20
Sawyer, Diane 70
Science of Non Verbal Communication (NF) 33, 43-45, 82

Scully, Frank (NF) 68
Seguimento 41
Senge, Peter (NF) 111
Série Contínua 60, 118-119
Serviço Florestal 90
Sexo 60, 67, 110
Shackleford, Ernest 38
Sharp, Alan 46
Síndrome de Poliana 30
    Sintetizando 86
    Situacional 4
Status quo 23
Steps to an Ecology of Mind (NF) 47

T
Talentoso e apto 23, 100
Tannen, Deborah 109
Tensão 25-26
The Creative Brain (NF) 109
The Far Side 25
The Fifty Discipline (NF) 111
The Relationship Cure (NF) 88
The Truth About Cats and Dogs (NF) 123
Tolo 20

Tolo sortudo! 20
Trabalho 12
Tradição japonesa 26
Tradição judaico-cristã 21
Truman, Harry 13
Trump, Donald 95
Tuckman, Bruce (NF) 89

U
Universidade de Miami 95-96
Upstairs, Downstairs 73
Ury 85
    Utilização de Pontos Fortes 80

W
Walker, Dr. Donald (NF) 1
Wayne Gretzky 24, 58
West Wing 14
Wheatley, Margaret (NF) 5
Will, George (NF) 28

Y
You Just Don't Understand 109

Entre em Sintonia com o Mundo

QualityPhone

0800-263311

📞 Ligação Gratuita

Qualitymark Editora Ltda.

Rua Teixeira Júnior, 441
São Cristóvão. CEP 20921-405 - RJ
Tel.: (0XX21) 3860-8422 ou 3094-8400
Fax: (0XX21) 3094-8424

www.qualitymark.com.br
E-mail: quality@qualitymark.com.br

DADOS TÉCNICOS

FORMATO:	16 x 23
MANCHA:	12 x 19
CORPO:	11
ENTRELINHA:	13
FONTE TÍTULOS:	FranklinGothicBook
FONTE TEXTO:	Kabel Bk BT
TOTAL DE PÁGINAS:	152